LE LAMA
VENU DU TIBET

DAGPO RIMPOTCHÉ
avec la collaboration de
JEAN-PHILIPPE CAUDRON

LE LAMA
VENU DU TIBET

BERNARD GRASSET
PARIS

Tous droits de traduction, de reproduction et d'adaptation
réservés pour tous pays.

© *Éditions Grasset & Fasquelle,* 1998.

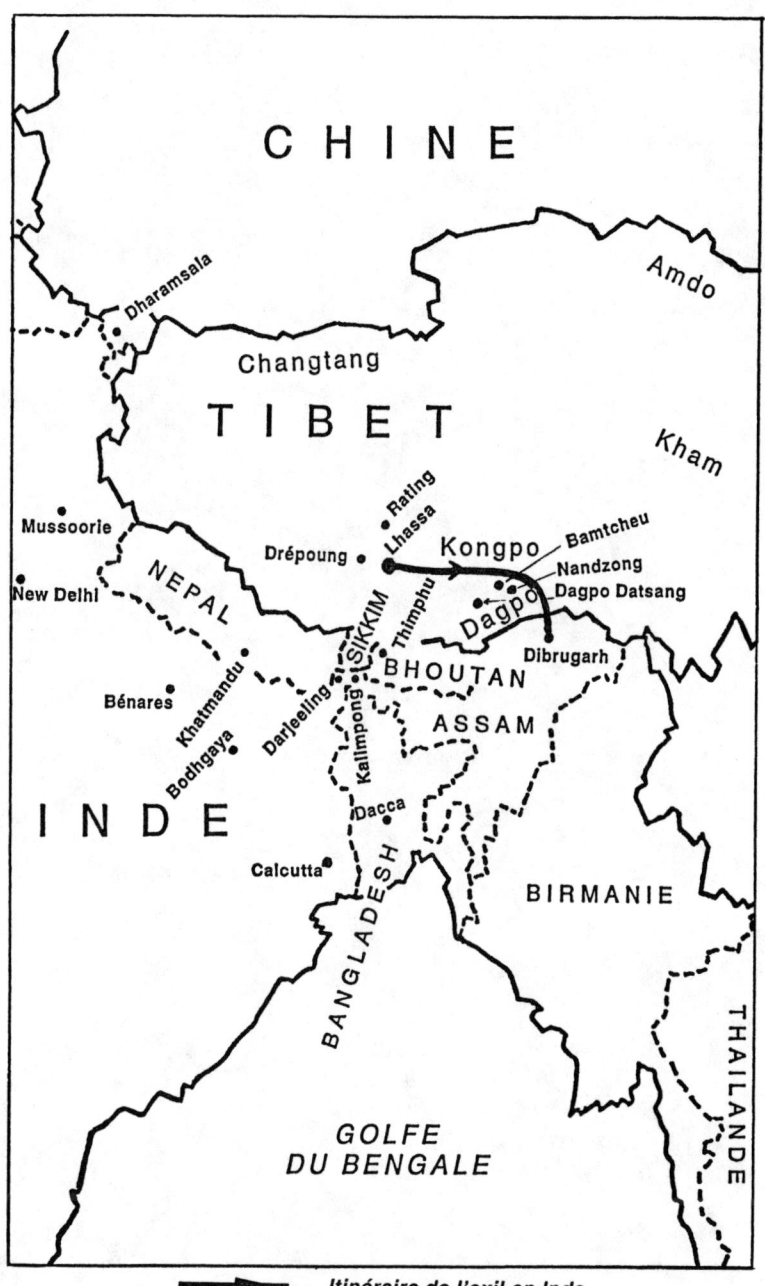

Itinéraire de l'exil en Inde

CHAPITRE PREMIER

L'oracle gifle mon grand-père

Né l'année du singe d'eau, sous le signe du Verseau, la veille du nouvel an tibétain. Mes parents consultent un astrologue. Mon grand-père, seigneur d'un important fief du treizième dalaï-lama. On assure que je suis la réincarnation de l'un des plus grands lamas de l'époque contemporaine. Trois mille monastères pour six millions de Tibétains.

Je suis né la veille du nouvel an tibétain, c'est-à-dire le trentième jour du dernier mois lunaire de l'année 1932, celle du mouton de fer. Cela coïncide à peu près avec le 1er février du calendrier grégorien et donc avec le signe zodiacal du Verseau.

Consulté par mes parents peu de temps après ma naissance, selon la coutume, un astrologue prédit que si je devenais moine, je serais un jour maître de trois monastères, mais que, si je restais laïc, je serais appelé à de hautes fonctions au gouvernement ou dans l'administration du Tibet. L'astrologue cerna aussi mon caractère, expliqua à quel âge je connaîtrais des difficultés et évoqua l'année où le Tibet tomberait sous l'occupation chinoise. Tout se révélera exact. Et, s'il ne parvint pas à annoncer mon départ pour la

Le lama venu du Tibet

France en 1960, il pronostiqua que, si je n'étais pas mort à l'âge de vingt-six ans, je vivrais assez longtemps et que je renaîtrais, lors de ma prochaine vie, au sein d'une riche famille du sud de l'Inde.

Autre heureux présage, je suis né « coiffé ». La poche des eaux ne s'étant pas rompue à l'heure de ma naissance, ma mère me vit apparaître sous la forme d'un ballon. Effrayée et désespérée par ce nouveau coup du sort – elle avait déjà perdu cinq fils à la naissance ou en bas âge – elle s'écria : « Mon enfant n'a ni bras ni jambes ! »

Ce genre de chose arrive au Tibet et, selon la tradition, il convient alors de déchirer la membrane fœtale avec une flèche. Mes parents, dans la précipitation et l'angoisse, n'y songèrent pas. Mon père se contenta de nouer sa chemise autour de sa main droite et de crever la poche, avec ses doigts, pour me libérer. On dit au Tibet que les enfants nés coiffés bénéficient d'un bon signe et qu'ils auront plus tard beaucoup de chance. J'ai appris depuis peu que ce phénomène survenait parfois en Europe et que les personnes nées « coiffées » étaient aussi jugées chanceuses.

Précaution supplémentaire, mon grand-père maternel, superstitieux comme la plupart des Tibétains, me donna un prénom féminin pour conjurer le mauvais sort et tromper les esprits malveillants toujours à l'affût d'un bonheur, en l'occurrence la naissance d'un garçon vivant, après tant de décès.

Mon grand-père, pour faire bonne mesure, expliqua même à son entourage que j'étais une fille, à la fureur de l'oracle qui, lui, avant ma naissance, avait annoncé un garçon. Une fureur si grande que, venu rendre hommage à ma famille, l'oracle saisit mon grand-père par le revers de son habit et le secoua en hurlant :

L'oracle gifle mon grand-père

« Que signifie cette histoire ? Je sais bien, moi, que c'est un garçon ! » Après quoi, l'oracle le gifla, bien qu'il fût le seigneur des lieux, me prit dans ses bras et se livra à une danse sacrée.

Mon père s'appelait Tséring Deune-droup et ma mère Dreulma Tséring. Sous les ordres de mon grand-père maternel, ils dirigeaient l'un des plus importants fiefs de la famille du treizième dalaï-lama, le fief de Nandzong, là où je vins au monde. Un immense domaine situé entre 2 500 et 3 000 mètres d'altitude, au sud-est de Lhassa, la capitale du Tibet, en partie dans la région du Dagpo, en partie dans celle du Kongpo. Seul moyen de locomotion pour se rendre à Lhassa où mon père avait souvent à faire : le cheval ou la mule. Le voyage durait une dizaine de jours et obligeait les montures à un rude effort. Lhassa se dresse à 3 600 mètres d'altitude.

Le gouvernement tibétain avait octroyé ce vaste territoire à la famille du treizième dalaï-lama. Dès que le fils de cette simple famille de paysans fut reconnu, en 1877, comme l'incarnation de son prédécesseur – le douzième dalaï-lama – sous le nom de Thoupten Gyatso, le gouvernement avait ainsi honoré ses parents en leur permettant d'échapper à une relative pauvreté et de s'intégrer à l'aristocratie. Les dalaï-lamas ne proviennent pas toujours de familles nobles. Celle de l'actuel quatorzième s'adonnait aussi à l'agriculture et menait une existence fort modeste avant que l'un de ses garçons – né en 1934 – ne fût reconnu comme l'incarnation du treizième.

Ma grand-mère maternelle appartenait à la famille du treizième dalaï-lama dont elle était, je crois, une cousine. Mes grands-parents maternels eurent quatre fils et une fille, ma mère. Mon père, issu d'une famille

Le lama venu du Tibet

prospère de la région du Kongpo, était le second neveu de l'un des plus grands lamas de l'époque, Dagpo Lama Rimpotché[1] Losang Djampèl Lhun-droup Gyatso, dont on assure que je suis la réincarnation même si je ne m'en reconnais pas les mérites. Ce grand lama était donc le frère de ma grand-mère paternelle.

En ce temps-là, le dalaï-lama – le treizième quittera le monde en décembre 1933, l'année de l'oiseau d'eau – exerçait une autorité absolue sur le Tibet. Autorité spirituelle et autorité temporelle, il régnait aussi sur les trois mille monastères (six mille avec les annexes et les ermitages) qui abritaient jusqu'à 10 % des six millions de Tibétains. Toute décision importante relevait de sa seule personne même s'il prenait conseil auprès de son Premier ministre, de ses ministres – des laïcs et des moines – et des fonctionnaires gouvernementaux représentant les différentes régions.

Considéré comme un politicien clairvoyant, le treizième dalaï-lama, après avoir subi une invasion chinoise en 1910 et choisi de s'exiler aux Indes alors britanniques, proclama en 1912 l'indépendance du Tibet, sans obtenir, hélas! la reconnaissance des grandes puissances.

Mon père, l'équivalent d'un préfet ou d'un gouverneur et successeur de son beau-père, représentait donc la famille du dalaï-lama sur ce fief dévolu à sa famille. Homme sévère et craint de tous, il aimait pourtant les courses de chevaux, les jeux de dés, le tir à l'arc et il consacrait chaque matin deux heures à la prière et à la

---

[1]. Rimpotché – en français « précieux », prononcez Rime-pot-ché – titre honorifique donné en général à un tulkou, c'est-à-dire à un maître (lama) considéré comme l'émanation ou la réincarnation d'un grand maître ou d'un bouddha, dont il continue l'œuvre afin d'aider les êtres à se libérer de la souffrance et à atteindre le bonheur. Le maître est donc « précieux ».

méditation. Il avait pleine autorité sur ce vaste domaine, grand comme trois ou quatre départements français, et divisé en quatre districts, un grand et trois plus modestes. Outre leur gestion courante, il collectait les impôts pour le compte de la famille du dalaï-lama et rendait la justice.

Nous habitions une sorte de château-forteresse, le dzong, édifié au flanc d'une colline. Aujourd'hui, le dzong n'existe plus. Les Chinois l'ont complètement rasé à partir de 1959 comme la plupart des monastères et des bâtiments importants.

Une trentaine de serviteurs, peut-être une quarantaine, assuraient les services sous la houlette de ma mère. Un moine desservait le temple privé. Une quinzaine de palefreniers soignaient un important troupeau de chevaux et de mules. Les paysans, en fermage ou en métayage, cultivaient les terres du domaine. Des terres assez riches où poussaient le blé, l'orge, le riz, les pois et des arbres fruitiers.

En altitude, les nomades élevaient des yacks. Une famille possédait entre cent et deux cents têtes. Mais les bêtes regroupées en treize troupeaux étaient placées sous la responsabilité de treize pasteurs flanqués d'auxiliaires qui conduisaient les animaux de pâturage en pâturage.

Vers la fin du onzième mois lunaire, une grande fête rameutait les pasteurs au dzong où ils restaient environ sept jours, le temps de dresser le bilan de l'année. Revêtus de leurs plus beaux atours, ils paradaient sur le dos des yacks aux poils teints de différentes couleurs et parés de clochettes et de pompons. Ils plantaient dans la cour un mât au sommet duquel ils accrochaient une bannière et treize cordes, une par pasteur, ornées de pompons en poils de yack colorés.

Ils se rendaient en cortège à l'ancien palais du gouverneur, au sommet d'une montagne où était érigée une statue de Mahakala, déité protectrice des nomades, près d'un sanctuaire desservi par un moine. Celui-ci avait alors pour mission de sculpter dans une motte de beurre des figurines représentant les nomades qu'il disposait dans un grand bol à offrandes avant de les arroser d'eau. Puis il déposait le bol devant la déité protectrice. Leurs dévotions terminées, les nomades examinaient les sculptures. S'ils les estimaient conformes à la réalité, ils gratifiaient le moine de quelques présents. Sinon, ils le mettaient symboliquement à l'amende.

Redescendus de la montagne, tous se regroupaient dans la cour pour l'examen des comptes de chaque pasteur. Les soirées étaient réservées aux réceptions, à la danse, à la bière. A la fin, les pasteurs s'alignaient en tenant compte de leurs bilans annuels respectifs. Les premiers recevaient des cadeaux ; les derniers se faisaient huer et affubler de chapeaux ridicules dans une joyeuse ambiance où les rires le disputaient aux plaisanteries et aux quolibets, tandis que les enfants tentaient de s'emparer des pompons accrochés au mât à l'aide d'un long bambou. Malgré l'interdiction, je l'ai souvent fait.

Mon père, fort occupé, établissait aussi les comptes des trois autres districts. L'un d'eux, Doungkar Dzong, dans le Kongpo, produisait du plomb en abondance – dont une partie lui était reversée en guise de taxe. Je jouais souvent avec du plomb fondu dans ma prime enfance. Nous en faisions des moulages. La population de Doungkar fournissait également des veaux et des poulains.

Le Dzong Wangdén abritait le monastère de Bamtcheu, fondé au XIᵉ siècle grâce aux dons de riches familles. Celles-ci ayant décliné, le gouvernement central avait temporairement placé le monastère sous sa juridiction en attendant que de nouveaux notables en reprennent la concession.

Une grande partie des nomades peuplait le troisième petit district, Pélrab Dzong, situé dans le Dagpo. Eux aussi payaient des taxes à mon père sous forme de beurre, de fromage et autres produits.

CHAPITRE II

Je n'ai pas douze mois, je deviens tulkou

La résidence secrète du bouddha au palais de la montagne de cristal. Laborieuse recherche de la réincarnation du grand maître. Le treizième dalaï-lama appose son sceau sur mon nom. Personne ne me demande mon avis, je ne sais pas encore parler. Méthodes différentes de désignation des tulkous.

Peu de temps avant ma naissance, l'oracle de la déité protectrice du monastère de Bamtcheu, où j'entrerai un jour à l'âge de six ans, avait fait la révélation suivante en évoquant la grossesse de ma mère : « A propos de l'enfant qui se trouve dans la matrice de Dreulma Tséring, je me suis rendu à Tsari, l'une des vingt-quatre résidences du bouddha Shri Cakrasambara, au palais de la montagne de cristal et là, je me suis agenouillé devant celui-ci et je lui ai demandé de me donner cet enfant qui est la réincarnation de notre maître. » Quand on sait que Shri Cakrasambara, également connu sous le nom de Hérouka, n'est autre que la manifestation de la sagesse et de la grande félicité, on entrevoit mieux la portée d'une telle déclaration !

Toujours est-il qu'à la suite de cette prédiction et de quelques phénomènes inhabituels qui se manifestèrent à ma naissance, la rumeur se répandit que j'étais la réincarnation de l'éminent Dagpo Lama Rimpotché. Ce personnage qui par ailleurs se trouvait être mon grand-oncle était considéré unanimement comme l'un des plus importants maîtres du début de ce siècle. Né en 1845 et décédé en 1919, il avait été précisément maître du monastère de Bamtcheu.

Il faisait en effet partie de l'ordre des guélougpas, c'est-à-dire des vertueux, constitué au XVe siècle par Djé Tsongkhapa, et y avait joué en son temps un rôle considérable. Si j'étais reconnu comme sa nouvelle manifestation physique, je recevrais naturellement son nom, et sa succession spirituelle.

Pour ma famille déjà comblée de richesses, c'était un honneur. Ma mère, très pratiquante, se montrait pourtant dubitative, je l'apprendrais plus tard. Etait-ce possible ? Elle s'interrogeait. Etais-je plutôt la réincarnation d'un lama kagyupa, donc appartenant à une autre école remontant quant à elle au XIIe siècle ? C'est ce que lui avait laissé entendre, avant même ma conception, un très grand maître kagyupa avec lequel elle avait entretenu d'excellentes relations. Elle s'inquiétait aussi. Et si elle allait accoucher d'une fille ? La prédiction de l'oracle deviendrait alors irrecevable, une fille ne pouvant être retenue comme la réincarnation de ce grand maître.

En fait la recherche de la réincarnation de Dagpo Lama Rimpotché s'était avérée laborieuse. Bien avant ma naissance et la prédiction de l'oracle, les responsables de cette recherche, regroupés dans un comité voué dans les monastères à cette activité, avaient déjà soumis deux noms au treizième dalaï-lama, habilité à arbitrer : celui de mon cousin, âgé de quatre ou cinq ans, et celui d'un garçon encore plus jeune. Or, ce cousin, un être exceptionnel, né peu après la disparition

Je n'ai pas douze mois, je deviens tulkou

de Dagpo Lama Rimpotché, fut choisi dans un premier temps. Il était le fils aîné de Dordjé Tséring, le frère de mon père, et de sa femme, Karmala. Mais un différend empêcha l'affaire d'aboutir. Le principal responsable du comité de recherche ayant tenté de faire avaliser le nom de son propre fils à la place de la vraie réincarnation – je crois toujours que mon cousin était la vraie réincarnation –, le treizième dalaï-lama, fort mécontent de cette lutte d'influence, décida de stopper tout net la procédure. Et, à défaut d'une reconnaissance officielle, il établit mon cousin au monastère de Séra, l'un des trois grands monastères du Tibet avec Drépoung et Gandén, et il lui accorda un statut équivalent à celui d'un lama. Mais il n'y resta que peu de temps. Souffrant de la variole, il dut regagner la demeure de mes parents, dans le Kongpo, où sa famille espérait le voir recouvrer ses forces.

A cette époque, mon père, appelé à Lhassa par ses fonctions, avait prévu de revenir à Nandzong pour y passer des vacances. Mon cousin, le petit Rimpotché, ainsi que tous l'appelaient dans son entourage, le considérant, malgré l'incident malheureux, comme la vraie réincarnation de Dagpo Lama Rimpotché, attendait chaque jour avec une impatience grandissante le retour de son oncle qu'il aimait beaucoup.

Ce jour étant enfin arrivé, fin avril, début mai, mon cousin, tout heureux, pria instamment mon père de le suivre dans sa chambre et sortit aussitôt d'un tiroir un bol recouvert d'une serviette où il avait placé trois abricots cueillis de fraîche date. Le petit Rimpotché ôta la serviette et dit à mon père : « J'ai gardé ces fruits pour vous, mon oncle. Deux, vous le voyez, pourrissent déjà, mais le troisième est encore bon. Prenez-le, mangez-le tout de suite, ici même. » Mon père, heureux de cet accueil si chaleureux, dégusta l'abricot sain, mais ressentit en même temps une profonde tristesse en constatant l'état de santé délabré de son neveu. Le soir même, ou le lendemain dans la journée, mon cousin quitta son corps...

Est-ce que les deux abricots pourris symbolisaient les deux fils de mon oncle décédés dans leur prime jeunesse et pressentis comme d'éventuels tulkous, tandis que l'abricot frais aurait représenté le seul garçon de la famille destiné à survivre et lui aussi candidat, c'est-à-dire moi ? C'est assez troublant ; c'est possible. En tout cas, en 1928, mon oncle et sa femme eurent un autre fils. Il s'appelait Djampèl Tènedzine. En 1932, je suis né. Les responsables, toujours à la recherche de la réincarnation du grand maître, s'entendirent alors pour présenter à nouveau les noms de trois garçons au treizième dalaï-lama au cours d'une audience qu'il leur accorda en son palais du Potala[1] à Lhassa. Deux appartenaient à notre famille, ce jeune cousin, frère du petit Rimpotché emporté par la maladie, et moi-même. Le troisième provenait d'une autre famille.

Cette fois, la réponse du dalaï-lama ne souffrit aucune contestation. Sa Sainteté décréta tout en tamponnant le document officiel : « J'appose mon sceau sur le nom du fils de Tséring Deune-droup et Dreulma Tséring et je demande que l'on tienne compte de ma décision. » Sa Sainteté ajouta aussi à mon nom personnel, Jhampa Gyamtshog, celui de « Thouptén Lhune-droup Tcheukyi Nyima ». Thouptén était une partie de son propre nom et Lhune-droup, une partie de celui

---

1. Grâce à une intervention discrète du Premier ministre chinois de l'époque, Chou En-lai, le Potala, construit au XVIIe siècle, fut sauvé de la destruction ordonnée par Mao Tsé-Toung après l'exil du dalaï-lama en Inde en 1959.

Je n'ai pas douze mois, je deviens tulkou

de mon prédécesseur. Tcheukyi signifie dharma (l'enseignement du Bouddha) et Nyima, le soleil. Sa Sainteté devait décéder quelque temps après, en 1933.

Ainsi, sans que personne m'eût demandé mon avis et sans que j'eusse eu la possibilité de protester, ne sachant pas encore parler – je n'avais pas un an – je dus accepter cette tâche plutôt lourde. Voici comment je suis devenu tulkou, littéralement « corps manifesté ». Si cette qualité me conférait des privilèges, elle entraînait aussi une lourde responsabilité et présageait d'une formation stricte et rigoureuse.

Lorsque je me demande pourquoi le grand treizième dalaï-lama s'est arrêté sur mon nom, je songe à la mort violente d'un garçon dont on disait aussi qu'il était la réincarnation de Dagpo Lama Rimpotché, sans toutefois que sa candidature eût été officielle. Né dans le Kongpo ce garçon avait fait d'excellentes études au monastère philosophique de Dagpo Datsang où je suis entré à l'âge de treize ans, deux ans après lui, et où je l'ai bien connu, même s'il avait deux classes d'avance sur moi. Mais il devait périr en 1951 lors d'un terrible tremblement de terre, survenu le quinzième jour du septième mois tibétain, qui causa un grand nombre de victimes et d'énormes dégâts matériels. Si bien que désormais, de toutes les personnes pressenties comme éventuelle réincarnation du maître, je demeurais le seul en vie.

Voilà peut-être pourquoi le choix s'est finalement porté sur moi. Exposés à mourir prématurément, les autres candidats ne pouvaient pas se rendre utiles et œuvrer au service des êtres. C'est ce qu'il m'arrive de penser tout en m'interrogeant sur cette interprétation.

La méthode de désignation d'un tulkou comporte du reste des variantes. Par exemple, prié de se prononcer à propos d'une réincarnation, un grand maître peut tout simplement choisir un jeune garçon sans que sa décision entraîne la moindre discussion ou justification. Autre exemple : si un oracle, auquel on demande d'exprimer son avis, élit tel fils dans telle famille comme l'incarnation de tel lama et ne recueille pas l'approbation de tous les moines de son monastère mais suscite au contraire une certaine contestation, il revient à un maître de résoudre le problème après de larges consultations, sans qu'il y parvienne toujours. Si des moines, après vérification, persistent à refuser le nom avancé par l'oracle et confirmé par le maître, le comité de recherche recourt à un autre maître éminent chargé à son tour d'examiner le cas et d'entériner la prédiction de l'oracle ou de conseiller de persévérer dans la recherche.

Autre méthode, après la disparition d'un maître, on peut s'enquérir auprès d'un grand lama si le moment est venu ou non de se mettre à la recherche de la réincarnation de ce maître. S'il donne une réponse positive, les petits garçons de deux à trois ans d'une région déterminée par un oracle, un lama ou les deux sont réunis devant des objets, paires de lunettes, chapelets, clochettes, etc, dont au moins trois ou quatre appartenaient au maître disparu. L'enfant capable de choisir trois ou quatre objets authentiques sans se tromper sera alors reconnu tulkou. On considère qu'il a reconnu son propre chapelet, ses propres lunettes...

CHAPITRE III

Une enfance bouddhiste

Reconnu tulkou, je deviens automatiquement lama. En me voyant, les disciples retrouvent leur maître. Une mère gaie et généreuse. Un père austère. Mes sœurs condamnées aux travaux forcés par les Chinois. Je suis sûr que ma mère jouit d'une bonne réincarnation. Mon grand-père m'offre un cheval. Je joue des cymbales et de la trompe. Le professeur empoisonné.

Encore dans ma première année, comment pourrais-je me souvenir du jour où les dignitaires du monastère de Bamtcheu apportèrent à Nandzong la lettre officielle de ma reconnaissance ! Un jour faste que l'on me racontera plus tard avec force détails. Les dignitaires offrirent des khataks, les fameuses écharpes de soie blanche, et une certaine somme d'argent, annoncèrent la nouvelle à mes parents et enfin sollicitèrent leur consentement. Simple formalité ? Non. Des parents peuvent refuser, même si une telle reconnaissance honore grandement une famille et assure à l'enfant, au tulkou, une scolarité de qualité dans les monastères et un probable accès aux rangs de la hiérarchie religieuse.

Dès que mes parents eurent donné leur accord, les

dignitaires me remirent des khataks et me présentèrent les trois supports, une statuette, un texte et un stoupa[1], respectivement symboles du corps, de la parole et de l'esprit du Bouddha. Puis ils me tendirent des vêtements religieux – des petits vêtements de couleur jaune et rouge – et d'autres objets de bon augure, comme des conques blanches, ou rituels, comme des clochettes et des vajras. Ces deux derniers symbolisent respectivement la sagesse et la « méthode », c'est-à-dire la compassion, la bonté, l'amour, bref toutes les qualités d'un bouddha. Ils interrogèrent enfin un astrologue afin de déterminer les dates de mon entrée aux monastères de Bamtcheu dans le Dagpo et de Doungkhar, dans le Kongpo.

En attendant que j'atteigne l'âge requis – cinq ou six ans – je vécus auprès de mes parents et de mes sœurs. Bien entendu, personne à Nandzong n'ignorait mon état de tulkou et de lama. Etant reconnu tulkou, j'étais en effet automatiquement devenu lama, autant dire maître spirituel. A peine ai-je su parler et plus ou moins commencé à réaliser cet état étonnant que l'on m'appelait déjà Rimpotché et que les gens se prosternaient devant moi, des vieux moines, les serviteurs et même mes sœurs et parfois mes parents. Ils se prosternaient devant moi persuadés que j'étais le grand maître Dagpo Lama Rimpotché. En me voyant, les disciples de ce dernier exprimaient leur joie de retrouver leur maître.

On me demande parfois si cette vénération ne risquait pas d'altérer l'équilibre d'un enfant. En fait, ces

---

1. Stoupa : monument contenant soit des reliques du Bouddha ou de grands maîtres spirituels, soit des images ou des textes religieux. Parfois miniaturisé pour être disposé sur l'autel, le stoupa symbolise l'éveil ou l'esprit du Bouddha.

prosternations me laissaient indifférent. Je n'en tirais aucune vanité. Simplement, j'éprouvais une gêne réelle lorsque des personnes âgées, des moines par exemple, se prosternaient devant moi.

Chacun dans mon entourage pratiquait le bouddhisme et affichait une foi à toute épreuve. Une foi très lourde pour moi, car elle me donnait une énorme responsabilité. Aussitôt après ma nomination, les personnes qui s'occupaient de moi ne cessèrent plus de me rappeler mon état de tulkou et surtout mes devoirs. On me répétait que je ne devais pas me dissiper comme les autres enfants, mais me comporter de façon exemplaire. J'entendais souvent cette phrase : « Puisque vous êtes la réincarnation du Maître, votre conduite, Rimpotché, doit être irréprochable. » Bref, il convenait que je sois en permanence de bonne humeur, gentil, généreux, serviable, attentif, calme...

Mon père, homme grave et austère, me surveillait aussi et exigeait beaucoup de moi. Comme la plupart des pères tibétains, il se montrait assez autoritaire, sans doute plus que la plupart d'entre eux. Même quand il ne me grondait pas, sa simple présence m'effrayait un peu. Il veillait de très près à mon éducation et saisissait toutes les occasions pour m'apprendre à me tenir correctement au temple, au cours des repas, à cheval, avec les étrangers. Bon pédagogue, il ne m'adressait jamais de conseils ou de blâmes en présence d'un tiers.

Autant qu'il m'en souvienne, je ne me suis jamais rebellé durant la petite enfance. Cette éducation plutôt spéciale ne me rebutait pas. Au contraire, je comprenais qu'elle visait à m'améliorer et qu'il était de mon intérêt d'y souscrire. Je ne garde pourtant pas le souvenir d'une enfance vouée à la tristesse et à la rigueur.

Le lama venu du Tibet

Ma mère, que je perdrai à l'âge de onze ans, était une personne douée d'un cœur généreux, d'un naturel gai et d'une forte personnalité. Active et spontanée, elle dirigeait avec entrain la maison d'une main ferme. Elle aimait chanter, jouer, danser et boire de la bière. On devinait à son aisance et à son ouverture d'esprit qu'elle était « de la capitale ». Elle attirait les visiteurs et entretenait d'excellentes relations avec tous. Elle savait créer une joyeuse ambiance lors des absences de mon père que ses hautes fonctions appelaient souvent à l'extérieur.

Elle invitait aussi des moines, parfois trois ou quatre, parfois une dizaine et même une centaine, à venir réciter des prières. Une tradition qui permet d'accumuler des karmas positifs[1], autrement dit de s'imprégner de potentialités – ou d'énergies – bénéfiques qui produisent plus tard des résultats agréables, sous forme de joies, plaisirs et autres bonheurs. Ma mère, excellente cuisinière, aidait même à préparer les repas pour tous et après les prières elle organisait des jeux d'équipes pour distraire les moines. Elle s'amusait aussi à leur faire des farces innocentes. Je la revois tremper leurs chaussures dans l'eau et déclencher les rires des religieux. Lorsqu'elle se rendait à son tour dans un monastère, les moines se précipitaient pour la saluer et lui offrir des fleurs, le thé et des gâteaux.

Elle ne se décourageait jamais. A la fin de sa vie, alors qu'une grave maladie l'affaiblissait, elle tenait absolument à nous apprendre – à mes sœurs et à moi – à préparer nous-mêmes nos repas et à nous débrouil-

---

1. Karma : littéralement acte. C'est le lien de causalité qui fait que les actes vertueux conduisent au bonheur et les actions négatives conduisent à la souffrance.

Une enfance bouddhiste

ler dans toutes les situations : « On ne sait jamais, nous expliquait-elle, ce que l'avenir vous réserve. Aujourd'hui des cuisiniers sont à votre service mais ça ne sera peut-être pas toujours le cas. »

Prémonition ou non, ma mère nous rendit un grand service. Qui pouvait prévoir que je devrais un jour de 1959 m'enfuir en Inde, avant de m'exiler en France et que mes sœurs seraient astreintes aux travaux forcés par l'occupant chinois ? Le 7 octobre 1950, l'armée rouge de Mao Tsé Toung avait franchi les frontières du Tibet, mettant ainsi fin à notre indépendance, proclamée en 1912. Après avoir essayé, en vain, de trouver un arrangement avec Pékin, l'actuel quatorzième dalaï-lama craignant d'être arrêté et même assassiné, s'enfuit en Inde le 17 mars 1959. Ce jour-là, les Chinois bombardèrent Lhassa et firent des milliers de victimes. Débuta alors une répression féroce contre la résistance nationale, les religieux, les nobles et les notables. Cent mille Tibétains environ suivirent peu à peu le dalaï-lama dans son exil.

Yéchéla, ma demi-sœur, née d'un premier mariage malheureux de ma mère avec le fils d'un ambassadeur chinois, probablement une alliance politique, Yéchéla est morte, j'ignore à quelle date, après avoir été condamnée en 1959 à de nombreuses années de privation de liberté. Mingyourla, ma deuxième sœur, née en 1926, fut soumise aussi aux travaux forcés et succombera en 1995 après m'avoir rendu visite en France avec sa fille. Son mari, épuisé par dix-neuf années de camp, mourra quelques jours après sa libération. Son crime ? Comme mes sœurs, il appartenait à une famille de notables fortunés.

Fervente bouddhiste, ma mère ne se livrait pourtant pas à une pratique régulière. Je pense pourtant qu'elle

Le lama venu du Tibet

était pratiquante en profondeur. Je ne la voyais pas réciter des prières chaque jour, mais elle me faisait prier. Et lorsque des moines, ainsi que je l'ai déjà raconté, résidaient à la maison à son invitation, elle sollicitait leurs prières. Leur présence, une coutume tibétaine, était considérée comme une bénédiction. Au temple, ma mère récitait avec eux des textes, faisait des offrandes, méditait. Une pratique quotidienne, pour un bouddhiste, mais laissée au gré de chacun. Sauf pour celui qui a reçu une initiation ou plus généralement qui a pris des vœux et des engagements, il n'existe aucune obligation. L'initiation, précisons-le, est une cérémonie rituelle au cours de laquelle un disciple reçoit de son maître la permission de pratiquer et de développer la voie de telle ou telle déité, par exemple la voie de la compassion ou celle de la sagesse. D'autre part, il existe plusieurs degrés d'engagements, proposés soit aux laïcs, soit aux religieux, soit aux deux indifféremment.

Comme mon père, ma mère se réclamait de l'école guélougpa tandis que l'une de ses demi-sœurs était nonne dans un monastère nyingmapa, sans que cette différence créât le moindre problème. Au Tibet, on ne pensait pas à souligner une quelconque affiliation à telle ou telle école. On respectait les religieux toutes lignées confondues. Un monastère accueillait les postulants sans leur demander de comptes à ce propos.

Un jour, alors que nous nous trouvions dans la véranda de ma résidence au monastère de Bamtcheu qui était ornée de potées de giroflées, ma mère me donna le conseil suivant : « Quand on voit une nouvelle fleur, un nouveau fruit ou n'importe quoi de beau, il est bien d'en faire aussitôt l'offrande. Le mieux est de réciter trois fois la prise de refuge et la production de l'esprit

Une enfance bouddhiste

d'éveil[1] puis de faire l'offrande du mandala (représentation symbolique de l'univers). » Ce conseil demeure gravé dans ma mémoire et ce souvenir me fait penser qu'elle était vraiment pratiquante.

Je crois que la générosité et la bonté constituaient la pratique principale de ma mère. La plupart de nos visiteurs la considéraient comme une mère, comme leur mère. Elle ne laissait jamais repartir un homme arrivé dans un triste état sans quelques cadeaux et sans l'avoir remis sur pied. Elle le gardait plusieurs jours, le temps de le nourrir, de l'habiller, de l'aider à retrouver ses forces et le moral. Certes une telle conduite relève de l'influence bouddhiste et de nos coutumes, mais je reconnais que certains s'en dispensent et que ma mère, dans ce domaine, étonnait. Voilà pourquoi tous l'aimaient et la respectaient. Et voilà pourquoi je suis sûr, après tout ce qu'elle a accompli, qu'elle jouit, aujourd'hui, d'une bonne réincarnation, c'est-à-dire qu'elle est née de nouveau dans de bonnes conditions matérielles et de santé, sans cesser de s'investir dans le service d'autrui.

De faible constitution, sujette aux vertiges et aux insomnies, elle tomba malade et, lors de ma dixième année, dut rester allongée durant de nombreux mois : elle souffrait d'œdème et d'une mauvaise circulation. « Sans doute ne vais-je pas mourir tout de suite, nous

---

1. Les bouddhistes prennent refuge en les Trois Joyaux : le Bouddha en tant que guide, le dharma (doctrine et réalisations spirituelles) en tant que refuge véritable, la sangha (pratiquants de haut niveau) en tant que compagnons exemplaires. Avant tout de nature mentale, la prise de refuge s'exprime par des gestes et des formules rituels. On procède ensuite à la production de l'esprit d'éveil c'est-à-dire que l'on génère ou renforce l'aspiration à devenir bouddha pour le bien de tous les êtres.

disait-elle, mais si je meurs, vous risquez d'être dispersés, car votre père pourrait se remarier. » Alors, soucieuse d'assurer notre avenir, elle partagea l'ensemble de ses bijoux entre ses deux filles, à l'exception d'un, de grand prix, qu'elle me remit en me suggérant de l'utiliser plus tard au financement de mes examens de docteur en philosophie, et elle me fit en outre confectionner trois tenues monastiques complètes.

Les semaines passaient et ma mère ne guérissait pas. Elle nous annonça alors : « Si je ne suis pas morte au Vésak (la grande fête du Bouddha) le quinzième jour du quatrième mois, je resterais en vie encore un certain temps. » La veille du Vésak, nous fîmes distribuer aux poissons et aux oiseaux des pilules enrobées de tsampa (farine d'orge) dites pilules de bénédiction. Puis mon père m'envoya avec un autre moine effectuer une cérémonie dans un ermitage situé non loin de notre maison où se dressait une grande statue de la déité protectrice Mahakala, offerte au XIe siècle par l'un des maîtres fondateurs d'une école tibétaine. A notre retour, on nous fit laver et revêtir de beaux vêtements en attendant d'écouter les chants prévus pour le soir. Là encore, il s'agissait de créer une ambiance de fête, favorable à la longévité.

Alors ma mère me suggéra de célébrer, avec le moine, le Lama tcheupa – qui consiste en hommages et offrandes aux maîtres – et vers la fin, comme nous abordions le passage sur le transfert de conscience, elle se souleva un peu et me demanda de lui prêter un zen, une étole monastique. Elle s'en drapa, récita le passage en question avec nous, eut un râle et s'écroula, morte.

Née en 1904, elle n'avait pas quarante ans. Je venais de fêter mon onzième anniversaire. L'oracle de Bamt-

Une enfance bouddhiste

cheu, accouru aussitôt, entra en transe pour interroger le protecteur du dharma (l'enseignement du Bouddha) et en déposant une écharpe de soie blanche sur le corps, il déclara : « Elle est partie chez les dakinis », (les déités féminines).

Aussitôt ma sœur et mon père m'éloignèrent dans la chapelle du Kangyour (la collection des enseignements directs du Bouddha), et les cérémonies traditionnelles débutèrent. Elles durèrent plusieurs jours. Je suppose que les cendres de ma mère furent données aux poissons. C'est le souhait qu'elle avait exprimé.

Cette nuit-là, après avoir beaucoup pleuré, je me suis enfin endormi et j'ai vu ma mère en rêve. Elle montait un vautour et venait vers moi. « Je suis allée au pays des dakinis, me disait-elle. Ne sois pas triste, ne te fais aucun souci. » A mon réveil, ma tristesse s'était un peu atténuée.

Je pense toujours à ma mère comme à une personne vivante mais je ne peux pas savoir qui elle est exactement, ni où elle se trouve aujourd'hui. Certains y parviennent, mais ceux-là ont développé des qualités de grande concentration et possèdent un niveau spirituel très élevé. Je ne possède pas ces qualités.

Par contre, j'ai plus de doutes à propos de la renaissance de mon père. J'avais dix-sept ans à sa mort. Ses responsabilités l'obligeaient à obéir au gouvernement, à appliquer la loi et donc à rendre la justice, à condamner des criminels, à les faire éventuellement exécuter. Tout-puissant sur le fief de la famille du treizième dalaï-lama, il avait droit de vie et de mort, tel un seigneur du Moyen Age français. Pour mon père, une bonne réincarnation a dû s'avérer beaucoup plus aléatoire puisque, selon la tradition bouddhiste, le fait d'ôter la vie est absolument contraire à l'éthique.

Le lama venu du Tibet

Mais j'anticipe et tout compte fait, j'ai eu beaucoup de chance. Dès mon plus jeune âge, je fus confié aux soins d'une femme – pas une nourrice, ma mère me donna le sein – et d'un moine. Tous deux, gentils et affectueux, faisaient ma toilette, m'habillaient, me gardaient et prenaient soin de moi sans relâche. D'abord parce que j'étais un tulkou, mais aussi parce que ma famille en avait les moyens. Très bien soigné, je ne souffris d'aucune maladie grave comme tant d'autres enfants.

Si j'essaie de me remémorer mon premier souvenir important, je revois une scène avec mon grand-père maternel, alors le principal responsable du fief. Ce jour-là, j'aperçus près de la maison quinze ou vingt hommes enchaînés, des bandits qui avaient attaqué des voyageurs. Secoué par une violente émotion, je fondis en larmes et me précipitai chez mon grand-père pour lui demander de les relâcher. Je ne me souviens plus de mon âge, mais je me rappelle parfaitement que, surpris qu'un si jeune enfant réagisse de la sorte, mon grand-père ne dissimula pas sa satisfaction et me fit, sur-le-champ, cadeau d'un cheval.

J'étais le seul garçon de la famille. Mes parents avaient perdu, avant moi, cinq fils, et mon jeune frère, venu au monde un an après ma naissance, subira le même sort avant ses deux ans. La santé délicate de ma mère, une hygiène rudimentaire, la rareté des vaccins, une alimentation sans doute peu équilibrée et les microbes favorisaient des maladies souvent mortelles. Seuls survivaient les plus robustes. Certains prétendent que le Tibet entrait dans la catégorie des pays arriérés en ces années 30, mais sans faire de comparaison avec la France, nous ne manquions tout de même pas de ressources. L'économie, fondée sur l'agri-

Une enfance bouddhiste

culture, l'élevage, l'artisanat et le commerce, assurait, presque toujours du moins, l'indispensable à chacun. En gros, le pays – autosuffisant – ne connaissait pas de problème de famine.

J'aimais beaucoup le climat sec, bon pour la santé, un climat dur, très froid pendant les quatre longs mois d'hiver. A trois ou quatre mille mètres, la neige tombait bien sûr en abondance et recouvrait les plateaux, les vallées et les montagnes d'un manteau blanc ou parfois jaune. Il pleuvait au printemps et à l'automne et j'aimais la chaleur relativement tempérée de l'été.

Nous nous nourrissions de tsampa – la base de nos repas –, une farine d'orge grillée, consommée directement en poudre ou mélangée avec de l'eau ou du thé mais aussi de riz, de légumes et de fruits en été, de viande et de produits laitiers, un genre de mozzarella par exemple – dont les Italiens se croient à tort les seuls inventeurs. J'en goûterais un jour en Italie. Leur mozzarella se présente sous une autre forme que la nôtre, mais c'est exactement le même fromage. Le lait fourni par la dri, femelle du yack, servait avant tout à fabriquer du beurre, ce beurre indispensable à la traditionnelle préparation de notre boisson nationale : le thé au beurre salé de dri. Mais le beurre obtenu à partir du lait de vache ou de brebis convient aussi. Bref, l'alimentation, sauf pour les indigents qui échappaient à la vigilance et à la générosité des pratiquants, ne portait pas la responsabilité de la forte mortalité infantile. Celle-ci relevait surtout des maladies infectieuses. Une situation qui perdure et qui s'est même aggravée aujourd'hui, sauf le long des routes construites par les Chinois. Dans les régions lointaines, les autorités chinoises abandonnent les gens à leur sort. Je le constaterais en 1987 lorsque je retournerais au

Tibet pour la première fois, après mon exil en Inde et mon départ pour la France en 1960.

Je fus donc élevé avec mes deux sœurs aînées. Je jouais beaucoup avec elles et la trentaine d'élèves de l'école que mon père avait créée pour des enfants de la région. Tous savaient que j'étais un tulkou. Certes, ils me respectaient mais entretenaient avec moi des rapports parfaitement ordinaires. Enfant plutôt impétueux, j'aimais m'amuser et lorsque le monastère où j'étais entré à l'âge de six ans me libérait pour les vacances, je rentrais chez mes parents, heureux, à la belle saison, à l'idée d'aller pique-niquer avec une bande de camarades et parfois mes sœurs, sous la conduite du moine attaché à ma personne. Nous partions le matin, nantis de victuailles, de gâteaux et d'une marmite et nous gagnions l'une ou l'autre rive d'un fleuve où nous allumions un feu entre de grosses pierres pour faire bouillir l'eau du thé. En été, avec la fonte des neiges, le fleuve grossissait mais à l'automne, il retrouvait son lit, et faisait place à des marécages et des étangs où je me baignais avec plaisir. Je connaissais là des moments de bonheur que j'essayais toujours de prolonger mais on ne me permettait pas de camper – j'étais trop jeune. C'est l'un de mes souvenirs d'enfance les plus agréables.

Je jouais aussi souvent de la musique religieuse. Très jeune, j'appris à manier les cymbales et je n'ai pas oublié, même si je dus arrêter d'en jouer lors de mon entrée au monastère philosophique de Dagpo Datsang. Des moines, spécialistes des cymbales, m'enseignèrent à tenir les instruments et à ne pas laisser le son se perdre dans les mains. Je connaissais plusieurs dizaines de morceaux. A chaque prière ou à chaque mélodie de prière correspond en effet un mor-

Une enfance bouddhiste

ceau de cymbales. On joue par exemple un morceau pour accompagner une offrande à une déité à laquelle une requête est adressée. Je jouais aussi de la trompe, l'instrument avec lequel on offre la prière et qui nécessite un bon souffle. J'en ai perdu les techniques.

Mon autre jeu préféré ne s'éloignait pas de la pratique religieuse : je confectionnais des tormas, des gâteaux rituels, avec du tsampa, du beurre et de l'eau. Je m'appliquais à donner à la pâte les innombrables formes que peuvent revêtir les tormas, à connaître leurs différentes couleurs, obtenues à partir d'extraits de plantes mélangés avec du beurre, à les orner avec des fleurs. Tout dépend de ce que l'on demande à telle ou telle déité : la richesse, la guérison, la longévité, le développement de l'énergie, de la sagesse, de l'intelligence, de la compassion, ou l'apaisement d'un trouble, etc. Et selon l'aspect de la déité, un aspect courroucé ou paisible, par exemple, le torma prendra telle ou telle forme. Offert à la déité, le torma ne sera pas récupéré ni consommé, même s'il est mangeable. On peut cependant le donner aux oiseaux. C'était mon jeu préféré et les adultes de mon entourage, étonnés par mon savoir-faire, paraît-il assez exceptionnel pour un gamin de trois ans, commentaient mes œuvres avec admiration. Ils laissaient entendre que je me souvenais du passé et que forcément j'avais déjà, dans une autre vie, façonné des tormas. Ils pensaient que j'étais vraiment un lama, un maître, et que je possédais une vieille habitude de cette pratique.

Je jouais aussi au lama. Je fabriquais des trônes[1] et je m'y installais tel un maître s'apprêtant à enseigner,

---

1. Les trônes des maîtres sont érigés en signe de révérence vis-à-vis de l'enseignement et non pas du maître lui-même.

Le lama venu du Tibet

ou bien j'y faisais grimper l'un de mes compagnons et je mimais le disciple attentif à la parole de son maître.

Un jour, les élèves de l'école décidèrent, par jeu, d'administrer un poison à leur professeur, un homme atteint d'une légère surdité et fumeur de pipe. Un érudit sachant très bien écrire mais au tempérament emporté. Les enfants utilisèrent une racine d'arbre connue pour ses effets toxiques. Réduite en poussière, ils la glissèrent dans la théière du professeur qui tomba raide en buvant la décoction. Affolés, et faute de téléphone, ils soufflèrent dans une conque pour donner l'alerte. Mais les adultes, accourus, demeurant impuissants, je me souvins d'avoir entendu dire, je ne sais où, que dans un tel cas, il fallait administrer un antidote à base de cendre et d'eau mélangées. Malgré mon jeune âge, on suivit mon conseil. Le professeur régurgita sur l'heure et guérit. Du coup, tous à Nandzong entreprirent de commenter mon exploit.

Mon enfance baigna ainsi dans un environnement profondément bouddhiste et ritualiste, sans que personne mette en doute mon état de tulkou. Suis-je pour autant la réincarnation de ce grand maître ? Honnêtement, je n'en suis pas tout à fait convaincu, mais je suis sûr d'avoir été son disciple ou l'un de ses proches dans une vie précédente, sans pouvoir toutefois savoir qui j'étais alors. Des personnes ayant acquis un niveau spirituel très développé y parviennent, cela est indéniable. Pourtant cette méconnaissance ne me préoccupe pas. La vie actuelle et la vie future me paraissent plus intéressantes, plus importantes.

Je me suis ouvert un jour de ce problème à l'un de mes maîtres, Kyabdjé Trijang Dordjétchang, lui expliquant que je ne possédais pas les qualités de Dagpo Lama Rimpotché qui joua, en son temps, un rôle si important dans le domaine spirituel et forma de nombreux disciples. « De toute façon, me répondit-il en plaisantant, vous ne pouvez rien faire contre cet état de tulkou, à présent que vous êtes reconnu comme tel. » Sage réponse. Il est clair que je me dois d'effectuer un travail à la place de ce maître. C'est ce que j'essaie de faire.

CHAPITRE IV

Petit moine à six ans

Les vieux moines se prosternent devant moi. Cérémonie d'initiation à l'écriture tibétaine. Le maître de discipline. Châtiments corporels. Mémorisation de huit livres volumineux. Forger le mental des moines. Lever : quatre heures, coucher : vingt-trois heures. Le plaisir des livres. Mon bienveillant premier maître. Tricherie et indulgence.

Grâce à mes parents qui offrirent aux moines des khataks, du thé, de l'argent et des repas, mon entrée officielle aux monastères de Bamtcheu et de Doungkhar donna lieu à de grandes cérémonies entrecoupées de prières. Les trois cent cinquante-neuf moines de Bamtcheu avaient organisé une fastueuse réception pour m'honorer. Tous étaient heureux, à travers moi, de retrouver Dagpo Lama Rimpotché. Les plus âgés avaient connu mon prédécesseur, leur guide spirituel sur terre, et ils comptaient sur moi pour continuer son œuvre, c'est-à-dire donner des enseignements. Les moines en se prosternant devant moi se prosternaient devant le grand maître.

J'avais tout juste six ans. Certes, j'ai commencé à séjourner à Bamtcheu, fondé en 1070 par un grand maître de l'école des kadampas, et réimplanté au

Le lama venu du Tibet

XVe siècle sur son site actuel par des membres de l'école des guélougpas à laquelle j'appartiens, mais j'avais le droit de retourner assez souvent chez mes parents. Tous les dix ou quinze jours au début, puis tous les mois, et ensuite tous les deux ou trois mois à l'époque des vacances. La distance ne représentait pas un obstacle. Une grande journée à pied, une petite journée à cheval.

Ai-je souffert de cette séparation précoce ? Je ne le crois pas. Je n'ai pas de souvenir douloureux, même si j'avais toujours hâte de retrouver ma mère – elle mourra, je l'ai dit, lors de ma onzième année – et si j'attendais avec impatience les personnes chargées de m'amener vers elle. Tout s'est passé avec beaucoup de douceur. Mes parents y veillèrent. Ils s'arrangeaient aussi pour venir me rendre visite au monastère où ils prenaient logis durant quelques jours, et arrivaient toujours chargés de cadeaux pour les moines.

Peu de temps après, mes parents choisirent un jour pour mon initiation à l'écriture tibétaine. Ils invitèrent, cette fois à Nandzong, le maître de cérémonie du monastère de Bamtcheu, Rimpotché Losang Jhampa, lui-même réincarnation du grand maître Chényène Ngawang Jhampa, ancien abbé du monastère de Dagpo Datsang où il avait, à l'époque, partagé la maison de son ami Dagpo Lama Rimpotché, mon prédécesseur.

La journée commença par une simple cérémonie, c'est-à-dire une offrande de dré-sil (un entremets au riz et aux raisons secs), de thé, de khataks, etc. Puis, le maître me confia un alphabet tibétain, prononça d'abord chaque lettre et me les fit répéter clairement après lui, une seule fois, avant de clore la cérémonie.

Dès cette époque, je fus pris en charge, selon la cou-

Petit moine à six ans

tume, par le professeur chargé de m'éduquer mais aussi de me nourrir, de m'habiller, de me soigner. Des bienfaiteurs et mes parents l'aidaient à m'entretenir, car le produit des terres du monastère exploitées en fermage ou en métayage servait uniquement à financer les repas collectifs, l'entretien des bâtiments ou de nouvelles constructions.

Un abbé dirigeait le monastère, secondé par un maître de cérémonie chargé de la partie religieuse et par un maître de chant dont la belle voix lançait les prières en donnant la note exacte et la mélodie correspondante. Il était élu. Le jour du vote, les moines traçaient avec un stylet le nom de leur choix sur la farine d'orge (tsampa) collée à l'intérieur de leur bol de thé. L'abbé, en principe un tulkou, nommait le maître de cérémonie et la fonction de maître de discipline revenait chaque année, à tour de rôle, à un moine d'un certain âge. Une fonction importante. Le maître de discipline surveille les moines enclins au sommeil ou à la dissipation pendant les cérémonies, accorde les permissions de visite aux parents, et inflige les punitions : châtiments corporels, prosternations répétées durant un ou plusieurs jours, amende, travaux manuels, mémorisation de textes supplémentaires à réciter devant la communauté. La discipline n'interdisait pas l'affection. Les professeurs veillaient sur leurs petits disciples comme sur leurs propres enfants, avec infiniment de gentillesse et d'attention.

Je le confesse, à Bamtcheu, je n'ai jamais été puni. Etant tulkou et lama, je jouissais d'un statut un peu privilégié, comme du reste trois de mes camarades, eux aussi reconnus tulkous. Nous disposions chacun d'une chambre dans une maison à trois étages, dite maison des lamas, à laquelle étaient affectés un moine

Le lama venu du Tibet

responsable, des serviteurs et deux ou trois moinillons qui nous libéraient de toute tâche ménagère.

De ma première année au monastère, je me souviens plutôt de jeux dans notre maison avec d'autres petits moines. Comme chez mes parents, je confectionnais des trônes et je jouais au maître ou au disciple. Je décorais aussi des offrandes et nous nous amusions avec des chiots dans une atmosphère joyeuse et libre même si, deux fois par jour, je devais me rendre chez mon professeur pour un travail sérieux. Il me faisait apprendre des textes par cœur et à chaque fois que je retournais chez lui, à l'heure indiquée, il me fallait réciter l'ensemble des textes déjà mémorisés : des soutras et des tantras (enseignements du Bouddha Shakyamouni), certains rituels, des poèmes à la louange des maîtres et aussi les louanges du Bouddha.

A sept ans, j'ai présenté mon premier examen devant les trois cent cinquante-neuf moines. Au total, au fil des années et jusqu'à l'âge de douze ans, je passerai huit examens, chacun d'eux représentant la valeur d'un livre de deux cents à quatre cents pages à réciter par cœur. Les séances d'examen duraient plusieurs jours, rythmées par les prières et le service du thé.

La première fois, c'était très impressionnant. Imaginez les trois cent cinquante-neuf moines assis par terre. On leur sert le thé ; ils disent une prière puis font silence. Alors, le maître de discipline annonce le nombre de fois où le thé sera servi dans la journée ainsi que le nom des candidats. Autant de thés, autant de récitations. Puis il prie solennellement l'assistance d'écouter tel ou tel. Et le candidat désigné récite, soit avec un camarade avec lequel il s'est entraîné, soit seul. On a peur, très peur. On est saisi par l'angoisse de ne pas se souvenir d'un mot, surtout lorsque le maître de chant agite une clochette, signifiant ainsi au candidat de se taire et aux moines de réciter une prière. Aussitôt après, le candidat qui a pu se désaltérer avec un thé doit reprendre le fil de son texte à l'endroit exact où il l'a laissé.

J'ai passé mon premier examen avec un cousin, mon aîné de quatre ans, qui était entré au monastère en même temps que moi pour adoucir la séparation familiale. A deux, c'est plus facile. Un mot oublié par l'un peut être récupéré par l'autre et vice versa. Mais, dès le deuxième examen, je dus m'exécuter sans mon cousin. Je crois que je l'avais dépassé. S'il apprenait plus vite que moi, il oubliait plus vite aussi.

Pour réussir un tel examen, il fallait, comme je l'ai déjà dit, réciter chaque jour ce que nous avions appris la veille et reprendre tout, le lendemain, et ainsi de suite. Le professeur y veillait. Il ne nous laissait partir que lorsque nous avions rempli notre contrat.

Pourquoi exiger un tel effort d'enfants si jeunes ? Il s'agit de forger le mental des moines et de les aider à comprendre la signification des mots et des phrases en les enracinant dans la mémoire. Et toute sa vie le moine pourra faire appel à ces textes mémorisés pour favoriser la réflexion, la méditation, le débat. Une méthode traditionnelle pratiquée, semble-t-il, du temps du Bouddha et, en tout cas, à la grande université indienne de Nalanda fondée cent quatre-vingts ans environ après la mort du Bouddha Shakyamouni survenue en 476 av. J.C.

L'année à Bamtcheu était divisée en treize ou quatorze sessions de pratiques et d'études de durées variables – un mois et demi à une semaine – coupées de vacances familiales d'environ huit jours, si toutefois les distances le permettaient. La journée commençait à quatre heures du matin et les moines se retrouvaient aussitôt dans la grande salle jusqu'à huit heures. Au programme, récitation de mantras (invocation d'un bouddha) et de soutras, offrandes, méditations tantriques ou non tantriques selon les sessions. Puis, après le service de quatre bols de thé à huit heures et jusqu'à dix heures, les moines ayant achevé leurs examens se délassaient ou travaillaient chez eux – les plus âgés habitaient leur propre maison – tandis que les autres continuaient à apprendre leurs textes par cœur sous la surveillance de leurs maîtres respectifs.

La finalité de ces méditations, récitations et autres exercices quotidiens? Améliorer l'esprit, devenir maître de soi, ce qui suppose l'élimination des tendances négatives, en tout cas néfastes, comme l'attachement, la colère ou encore l'ignorance, et bien d'autres, depuis la paresse jusqu'à la distraction en passant par le laisser-aller, ce qui bien sûr suppose aussi l'épanouissement des diverses qualités intérieures, dont l'amour et la compassion, l'enthousiasme et l'autodiscipline.

La journée se poursuivait sur le même rythme jusqu'à dix-neuf heures, sauf pour les jeunes qui, après une heure de pratiques, récitaient tout ce qu'ils avaient emmagasiné depuis le matin. A vingt-trois heures, ils étaient autorisés à s'endormir. Cette règle visait à utiliser nos capacités au maximum et donc à ne pas perdre de temps en dormant. Les moines capables de réussir les douze examens requis obtenaient un titre et la permission de célébrer les cérémonies tantriques.

Faute de réussir au moins deux examens, un moine se voyait dans l'obligation de quitter le monastère. En revanche, il était possible de demander l'autorisation d'en rester là dès lors que les deux premiers examens

Petit moine à six ans

avaient été couronnés de succès. Dans ce cas, les moines ne pratiquaient que les rituels de leur niveau et se cantonnaient dans l'entretien du monastère, selon leurs capacités manuelles.

Personnellement, comme je l'ai déjà expliqué, je n'ai passé que huit examens à Bamtcheu. Pourquoi ? J'étais destiné à entrer à l'âge de treize ans au monastère philosophique de Dagpo Datsang, où la règle avait la réputation justifiée d'être la plus stricte du Tibet, et je n'avais pas le temps matériel de préparer les douze examens.

Les moines, y compris les plus instruits, apprenaient aussi, en fonction de leurs dons, le chant, le maniement de la trompe ou des cymbales et les danses rituelles. Tous étudiaient, avec examen à la clé, la fabrication, avec des sables colorés, de mandalas – représentations de la résidence d'un bouddha[1] – et le rituel correspondant.

Je le répète, je fus heureux à Bamtcheu, grâce aux bienveillants soins de mon premier maître, le vénérable Lopeune Kélsang, connu aussi comme Losang Samtén Rimpotché. C'était un maître extraordinaire, un vieux moine de plus de soixante-dix ans, ancien maître de cérémonie et ancien maître de chant du monastère. Il fut l'un des deux assistants rituels de Dagpo Lama Rimpotché, mon prédécesseur. Choisi par mes parents, il s'occupa de moi pendant huit ans et m'a fortement marqué. Grand et mince, bon et ferme à la fois, toujours impeccable et vêtu avec soin, l'allure impressionnante, les cheveux blancs, il était le symbole même de la sérénité. Respecté par tous les

---

1. Ne pas confondre avec l'offrande du mandala (représentation symbolique de l'univers).

moines, qui voyaient en lui un modèle, il offrait chaque jour l'exemple parfait d'un pratiquant du dharma, la doctrine enseignée par le Bouddha.

Il m'inculqua l'alphabet tibétain d'une manière efficace, en prononçant tout d'abord lui-même les lettres, les syllabes et les mots de sa belle voix de basse puis en m'ordonnant de répéter après lui et d'épeler lettre par lettre en y mettant le ton juste. Après quoi, il me fit lire deux textes entiers en épelant chaque mot, un tan-tra concernant Manjoushri, le bouddha de la sagesse, et un soutra condensé de la sagesse, en vers. Nous y consacrâmes plusieurs mois et je pus alors lire les deux textes à haute voix sans les épeler, et apprendre par cœur, sans son concours, des textes de prières et de rituels utilisés chaque jour lors des assemblées et qu'il fallait mémoriser pour les fameux examens. Bien plus tard, lorsque j'enseignerai le tibétain à Paris, je comprendrai les qualités de la méthode de mon maître.

Tuteur de quatre ou cinq petits moines, il nous conseillait et nous éduquait à longueur de journées. Chez lui, dans sa cellule étroite et simple, toujours d'une propreté méticuleuse, chaque enfant disposait de son propre coussin pour s'asseoir, d'une table à sa taille et d'un bol personnel. Il nous donnait du thé et nous confectionnait parfois des soupes délicieuses. Il nous montrait comment préparer le thé au beurre, comment tenir le bol, couper la viande et les légumes, laver les fruits, manger convenablement, s'habiller, marcher sans balancer les bras, s'asseoir par terre, comment placer ses jambes, comment se tenir mains croisées, essuyer la poussière, etc. Aucun détail des rites de la vie quotidienne n'échappait à sa vigilance. Nous l'appelions Guène-la : maître.

Il nous surveillait aussi durant les cérémonies, nous

enseignait les rituels et nous tançait si nous bavardions trop. Il lui arrivait de battre un élève mais, selon une curieuse tradition tibétaine, le maître d'un jeune lama devait, avant le châtiment, se prosterner devant le fautif. Un jour que j'avais commis quelque peccadille, je le vis ôter son écharpe, signe infaillible qu'il allait se prosterner devant moi et m'infliger une correction. Mais je devançais celle-ci en formulant des excuses qui m'évitèrent la punition.

Mon état de tulkou, réincarnation du grand maître dont il fut l'un des compagnons de route habituel, l'inclinait-il à l'indulgence à mon égard ? Je me le demande encore en me souvenant de sa mansuétude à l'occasion d'une tricherie mémorable. J'avais récité à plusieurs reprises le texte des « six pratiques préparatoires à la méditation » en fermant les yeux à moitié pour me donner un air concentré, alors qu'en réalité, je lisais à l'envers les passages du texte, que je n'avais pas appris, sur le livre posé sur ses genoux. Or, à mon avis, il n'était pas dupe, mais pourtant il me laissa tricher jusqu'au jour où je sus tout de même le texte et où il mit fin à mon manège en écartant le livre de ma vue. Après quoi, il m'adressa une réprimande, mais pour lui, l'essentiel était fait : je savais le texte.

Mon éducation de moine ne souffrait aucun relâchement. Mon père, lorsque je regagnais Nandzong pour les vacances, y contribuait toujours activement. Je lui dois mes premières leçons d'écriture tibétaine et il me faisait étudier et réviser mes textes dès qu'il avait un moment de libre. Il m'apprenait les prières et me gardait auprès de lui, dans le temple, durant ses pratiques. Des séances interminables de prières à haute voix que je trouvais fort ennuyeuses. Je ne pensais qu'à m'en libérer pour aller jouer.

Le lama venu du Tibet

Un oncle maternel, un moine philosophe qui ne pouvait plus marcher et avait trouvé refuge chez mes parents, consacrait aussi beaucoup de temps à mon instruction. Grand lecteur de biographies du Bouddha, de lamas et de rois tibétains, il me racontait ses lectures sans se lasser et sans crainte de se répéter. Je l'écoutais avec un vif plaisir et je retenais ses récits sans m'en rendre compte. A peine ai-je commencé à lire que la curiosité me poussa à déchiffrer puis à dévorer les ouvrages de l'oncle – tous à connotation bouddhique – pour vérifier la véracité de ses commentaires.

Mes parents consacraient la plupart de leurs loisirs à la lecture de livres d'histoire et de pièces de théâtre édifiantes et ma mère nous conseillait, à mes sœurs et à moi, de lire les passages susceptibles de développer la générosité, l'amour fraternel ou autres vertus. Avant même de savoir lire – à six ans – j'avais donc mémorisé de longs textes et commencé à comprendre leur sens, et j'aimais, lorsque je retournais au monastère, raconter aux vieux moines les histoires de mon oncle. Et même poser des questions de fond aux moines philosophes en visite à Bamtcheu. Certes, ils me répondaient avec ironie mais je voyais bien qu'ils étaient assez impressionnés. Sans doute pensaient-ils qu'étant un lama, j'avais été initié à ce genre de débats dans une vie antérieure !

CHAPITRE V

A sept ans, je prononce les 36 vœux de la première ordination

Premier pèlerinage à Lhassa. Une centaine de mules bâtées. Un bon présage. Je prononce les trente-six vœux. Bloqué par le Brahmapoutre en crue. Je goûte le nectar de l'enseignement sur la voie progressive vers l'éveil. La déesse Tara blanche. Le maître à travers moi – un gamin turbulent – était revenu. Rituel d'ablution contre les souillures.

En 1939, mon père décida de m'amener à Lhassa pour y effectuer un pèlerinage aux sites sacrés, les temples du Jokhang et de Ramotché, et aux trois grands monastères philosophiques de Gandén, Drépoung et Séra, organisés sur le modèle de trois célèbres universités bouddhistes de l'Inde ancienne.

C'était à l'époque du nouvel an tibétain et je venais d'avoir sept ans. Mon père m'intégra à l'une des quatre expéditions qu'il ordonnait chaque année pour transporter à Lhassa les produits du fief de Nandzong et les livrer à la famille du treizième dalaï-lama.

Le voyage, à cheval, durait une douzaine de jours. Cent mules bâtées portaient les fromages et les fruits secs, le beurre, les céréales, les boules d'encre séchée,

Le lama venu du Tibet

etc. Le soir, avant la tombée de la nuit, les serviteurs débâtaient les bêtes et installaient le campement. Contre le froid et d'éventuels malfaiteurs, ils construisaient avec les charges une sorte de mur circulaire. Puis ils montaient les tentes à l'intérieur du cercle et, veillés par les gardes armés, nous n'en sortions plus jusqu'au petit matin, essayant d'échapper aux morsures de l'hiver. Le thermomètre à cette époque, la plus glaciale de l'année, descendait durant la nuit aux environs de −25°, sans doute plus. Nous ne quittions pas nos fourrures. Je portais une pelisse fourrée ornée de brocart marron et un chapeau en brocart jaune et laine de mouton, noué sous le menton.

A peine arrivé dans la capitale, j'eus l'honneur de rencontrer, pour la première fois, l'insigne maître nommé Pabongkha Dordjétchang[1] qui avait été le disciple de Dagpo Lama Rimpotché, mon prédécesseur, avant d'avoir eu à son tour pour disciples les deux tuteurs de l'actuel quatorzième dalaï-lama, mes futurs maîtres.

Lorsque nous arrivâmes chez lui, il donnait une initiation de Vajrabhaïrava, donc de Manjoushri, bouddha de la sagesse se montrant sous une forme très irritée et que l'on médite pour obtenir l'état de bouddha. Tout heureux de cette visite, Pabongkha Dordjétchang déclara aussitôt que c'était un très bon présage, me fit asseoir sur un petit trône et m'offrit des bonbons. Mon père et mon intendant lui demandèrent de composer à mon intention une prière de longue vie. Il accepta avec joie et me couvrit de ca-

---

1. Dordjétchang : titre honorifique accordé à un très grand maître et qui est l'équivalent de Vajradhara « celui qui tient la foudre », bouddha souverain.

A sept ans, je prononce les 36 vœux...

deaux. Plus tard, je trouverai une trace de cette prière dans ses œuvres complètes.

Ce jour-là, Ribour Rimpotché fut ordonné moine. C'est aujourd'hui un vieux lama de soixante-quatorze ans qui enseigne dans de nombreux pays, après avoir été condamné à plusieurs années de travaux forcés par les Chinois.

Durant ce premier séjour à Lhassa, je fus, moi aussi, ordonné moine par Phourtchog Rimpotché, la réincarnation d'un tuteur du treizième dalaï-lama. Un cas assez rare. En général, on ne prend ses premiers vœux qu'à partir de huit ans. Toujours est-il que je prononçai, à sept ans, les trente-six vœux correspondant à la première ordination, en attendant la seconde qui intervient, en principe, à l'issue des examens de guéshé (docteur en philosophie bouddhiste), et comporte cette fois deux cent cinquante-trois vœux.

D'importance inégale, quatre des trente-six vœux me faisaient un devoir impératif de ne pas tuer un être humain, de ne pas voler, de ne pas avoir de relations sexuelles avec une femme ou un homme et de ne pas proférer certaines catégories de mensonges, comme par exemple affirmer être un bouddha ou avoir réalisé telle ou telle qualité spirituelle, la compassion, la sagesse, l'amour... La rupture de ces quatre principaux vœux entraîne l'exclusion immédiate et définitive du monastère. Restent trente-deux vœux et un certain nombre de préceptes dont la transgression ne provoque pas une sanction aussi radicale. En les prononçant, le petit moine s'interdit de boire des boissons alcoolisées, de tuer des animaux, de courir sans raison, de faire de grands gestes en marchant, de s'habiller de façon extravagante. Il s'agit plutôt de règles de conduite dont les entorses, considérées comme des erreurs, peuvent trouver réparation dans un sincère repentir.

Mon père, requis par ses multiples fonctions, resta près de deux mois à Lhassa et j'assistai, ravi, aux festivités du nouvel an. Nous logions dans une vaste demeure appartenant au Premier ministre, où s'affairaient de nombreux serviteurs. Les réceptions d'ambassadeurs et de dignitaires, portant des vêtements et des chapeaux exotiques, se succédaient et offraient un spectacle rare pour un enfant. Je revois aussi les rues de Lhassa en ces temps de fête. Je découvrais avec stupéfaction les marchés grouillant de monde de la cité sainte et pour la première fois je rencontrai des étrangers, des Occidentaux, des Népalais, des Indiens, venus saluer la famille du treizième dalaï-lama, décédé en 1933, et des commerçants chinois.

Je visitai plusieurs fois le Potala et j'accomplis les pèlerinages aux temples sacrés mais, soyons franc, ces souvenirs demeurent assez vagues dans ma mémoire. J'étais jeune et je préférais jouer dès qu'on me le permettait.

Deux années plus tard, vers le quatrième ou le cinquième mois lunaire – j'avais bien sûr entre-temps retrouvé à Bamtcheu le rythme normal de mes études – l'abbé du monastère de Dagpo Datsang, où j'entrerai à treize ans, pria justement Pabongkha Dordjétchang de bien vouloir y donner des enseignements sur le lam-rim (la voie progressive vers l'éveil), autrement dit l'essence de la pratique du bouddhisme qui mène à l'état de bouddha et dont la lignée de transmission, de maître en maître, est continue jusqu'à nos jours. Et il fut décidé que je me joindrais aux trois mille auditeurs attendus.

Mais qu'est-ce qu'un bouddha ? C'est un être

A sept ans, je prononce les 36 vœux...

entièrement éveillé. Le mot bouddha désigne l'état de perfection. Un état qui correspond à l'élimination totale de tous les défauts et de tous les obstacles à l'épanouissement de toutes les qualités, sagesse, amour, etc., dans l'intention de porter secours à tous les êtres. Les bouddhas aident ces derniers en les conseillant, en leur donnant des enseignements, mais aussi de manière plus concrète selon les cas. Croire que les bouddhas sont plongés dans le néant ou dans la béatitude extatique est inexact. Les bouddhas peuvent se manifester sous n'importe quelle forme pour assister les êtres dans le besoin. Bref, le nirvana n'est pas un état de béatitude ou d'extinction, c'est l'état de celui qui s'est libéré de la souffrance.

Cette année-là, les pluies tombées en abondance grossissaient le fleuve Brahmapoutre et ses bras, et les eaux tumultueuses nous bloquèrent plusieurs fois, mon escorte et moi-même. Finalement j'arrivai à Dagpo Datsang avec quelques jours de retard, bien après le début des enseignements. Mais Pabongkha Dordjétchang, lorsque je vins le saluer, n'hésita pas une seconde. Après l'échange traditionnel de cadeaux, il me fit part de sa décision : « Il faut que l'incarnation de Dagpo Lama Rimpotché reçoive pour la première fois le lam-rim dans son intégralité. » Et avant même de reprendre son exposé là où il l'avait interrompu, il donna, quasi séance tenante, au gamin que j'étais, plusieurs transmissions fondamentales dont celle du court lam-rim intitulé « l'Ode aux réalisations » composée par Djé Tsongkhapa le fondateur (1347-1419) de l'école des guélougpas (les vertueux). Après quoi, je pris place dans l'assistance et le maître reprit le fil de son enseignement qui dura environ un mois.

Pour la première fois de ma vie, je goûtai donc le

nectar de l'enseignement sur « la voie progressive vers l'éveil », le remède à tous les maux du cycle des existences, la voie qui exauce tous les vœux et qui conduit à l'état de bouddha – j'y reviendrai. Pourtant, je n'avais pas encore dix ans et il va de soi que je ne comprenais pas grand-chose, même si le maître émaillait ses exposés d'anecdotes.

Petit et massif, la figure ronde, Pabongkha Dordjétchang se montrait toujours enjoué durant ses enseignements. A la différence de certains maîtres, il ne prononçait jamais de paroles dures et ne réprimandait pas les auditeurs dont l'attention fléchissait. Au contraire, il détendait alors les esprits en racontant de petites histoires que je retenais facilement.

Chaque fois que Pabongkha Dordjétchang faisait allusion à son maître, il joignait aussitôt les mains sur le sommet de la tête, se couvrait presque toujours le visage de son étole pour dissimuler les larmes qui lui montaient aux yeux et se levait d'instinct en signe de respect. Quand il arrivait à la strophe concernant Dagpo Lama Rimpotché, au cours de la prière invoquant tous les maîtres de la lignée, il joignait encore les mains au-dessus de sa tête.

Très respectueux des livres – le support de l'enseignement – il n'en tournait jamais les pages avec un doigt humecté de salive. Il plaçait toujours auprès de lui une coupelle d'eau colorée au safran où il humidifiait son index. Ses enseignements, d'une extraordinaire puissance, nous subjuguaient. Par exemple lorsqu'il exposait les avantages du précieux corps humain doté des dix-huit attributs qui favorisent l'évolution spirituelle, chacun de nous se sentait ragaillardi et joyeux, conscient de sa chance. Mais quand il parlait de la mort et de l'impermanence, l'une

A sept ans, je prononce les 36 vœux...

des clés de la pratique, chaque auditeur éprouvait un tel accablement que personne n'osait plus lever les yeux. Pourtant il aimait plaisanter. Un jour, il attrapa, par jeu, le rosaire en zi, une pierre précieuse fort appréciée au Tibet, que l'un de ses assistants, toujours vêtu avec recherche et amateur de beaux objets, portait au cou, et le brandit dans ma direction, en riant de sa taquinerie.

Avant mon départ pour Bamtcheu, Pabongkha Dordjétchang, au cours d'un entretien privé, me prodigua maints conseils et m'indiqua avec précision les maîtres auxquels je devais demander des initiations et des transmissions. De quoi s'agit-il ? Le maître dépose l'enseignement en son disciple, comme une graine, et lui permet ainsi de le transmettre à d'autres. Lui-même me donna la transmission d'une méditation de la déesse Tara blanche de sa composition, qu'il me recommanda de pratiquer chaque jour afin de bénéficier d'une longue vie. Il me présenta enfin le mandala, symbole de l'univers, avec les trois supports représentant le corps, la parole et l'esprit (des bouddhas). Pour symboliser le corps, il me remit une statuette d'Amitayus, le bouddha de la longévité. Pour symboliser la parole, il m'offrit son propre exemplaire du « Grand Lam-rim » et une tenue monastique complète. Pour symboliser l'esprit, il me confia un vajra et une clochette. Il m'exhorta enfin à bien étudier et à œuvrer en faveur de l'enseignement du Bouddha pour le bien de tous les êtres, c'est-à-dire à mettre mes pas dans ceux de mon prédécesseur. Puis il m'assura de ses prières.

Comment ne pas m'en souvenir! Pabongkha Dordjétchang, en me voyant pour la première fois, s'était levé et avait pleuré. Il me considérait comme la réincarnation de son maître vénéré et tant aimé. Sur son autel privé, il avait disposé une statuette en or massif de Dagpo Lama Rimpotché, et devant, sur une soucoupe assortie, une tasse en argent pleine de thé. Il les emportait toujours dans ses déplacements. Chaque matin, je l'apprendrais plus tard, il commençait la journée par une offrande de thé à son maître.

Lors de ce séjour à Dagpo Datsang, de nombreux grands maîtres, d'anciens abbés, tous anciens disciples de Dagpo Lama Rimpotché, me rendirent visite. Leur maître, à travers moi, était revenu. Or j'étais tout juste un gamin plutôt turbulent, aimant rire et s'amuser.

Son enseignement terminé, Pabongkha Dordjétchang prononça une phrase étrange : « Mon premier enseignement du lam-rim, je l'ai reçu dans ce monastère de Dagpo Lama Rimpotché, et à présent je le lui ai restitué. » Sur le coup, personne ne prit garde à ces paroles. Plus tard tout s'éclaira. Pabongkha Dordjétchang prit en effet congé de la communauté monastique et se rendit en un lieu nommé Dépo, où il décéda peu de temps après. Alors, chacun comprit le sens de son message. Il était venu à Dagpo Datsang pour y rapporter l'enseignement du lam-rim et confier à la communauté la tâche de reprendre le flambeau.

A mes yeux, rien n'est plus important : Pabongkha Dordjétchang était vraiment un maître du lam-rim, qu'il contribua à développer de façon considérable au Tibet.

De retour à Bamtcheu, je suivis ses conseils et, l'année suivante, j'assistai à Dagpo Datsang à l'enseignement du lam-rim, composé au XVIIe siècle par le cinquième dalaï-lama, dit le « Grand Cinquième ». Puis l'oracle de la déité protectrice du monastère de Bamtcheu indiqua qu'avant d'entrer à Dagpo Datsang

A sept ans, je prononce les 36 vœux...

pour y faire mes études de philosophie, je devais me rendre en pèlerinage à Rating, le premier monastère de l'école kadampa fondé en 1056 par Bromteunpa, principal disciple du pandit indien Atisha, dont l'arrivée au Tibet marqua le début de la deuxième diffusion du bouddhisme. Rating Rimpotché, le précédent régent, qui avait reconnu l'actuel quatorzième dalaï-lama, s'était retiré dans ce monastère dont la communauté a toujours accueilli de remarquables maîtres.

Un an plus tard – je venais d'atteindre mes treize ans – mon père, retenu par ses obligations professionnelles, me confia à l'un de ses amis et m'envoya donc à Rating, situé au nord de Lhassa. Un long voyage à cheval d'environ deux mois. J'avais encore le droit de monter, une pratique que la règle rigoureuse de Dagpo Datsang m'interdira, les moines de ce monastère devant toujours cheminer à pied. Une quinzaine de personnes, assistants et serviteurs, nous accompagnaient et prenaient soin des montures de rechange et de la quarantaine de mules chargées de nos affaires, de nos provisions de bouche provenant du domaine et du matériel de campement.

Le soir nous faisions étape chez des amis de mon père ou en pleine montagne. Aucun incident ne troubla notre route. Certes, mon escorte était armée, prête à en découdre si des bandits tentaient de nous dévaliser, mais ces derniers n'infestaient tout de même pas la région. Je ne garde qu'un seul souvenir d'une rencontre avec des malfaiteurs. Elle se produira trois ans plus tard, alors que je me rendais de Dagpo Datsang à Lhassa avec mon maître et le père de celui-ci issu d'une famille de rang élevé. Un soir, deux voyageurs, un homme et une femme, qui venaient d'être totalement dépouillés nous demandèrent du secours et nous incitèrent à abandonner notre campement et à nous retrancher dans la montagne avec nos fusils, en attendant le jour. Une bonne tactique. Au petit matin, soulagés, nous aperçûmes les bandits s'éloignant en chantant. Ils n'avaient pas osé toucher à nos chevaux ni nous attaquer. Ils furent arrêtés un peu plus tard par les hommes du chef de district.

Avant d'arriver à Rating, nous fîmes halte en différents lieux de pèlerinage, notamment à Samyé, le premier monastère du Tibet, achevé en 779, et durant le neuvième mois lunaire nous touchâmes presque au but. Mais, ne connaissant personne, nous ne savions où loger. Or aux alentours de Rating, une vieille femme interrogée nous conseilla de nous enquérir d'un hébergement pour la nuit auprès d'un vieux moine demeurant dans les parages. Heureuse idée! Le moine, ancien médecin privé de Rating Rimpotché, ne dissimula pas sa joie lorsqu'il apprit mon identité. « Autrefois, rappela-t-il, Dagpo Lama Rimpotché, votre prédécesseur, de passage au monastère de Rating, a logé chez moi. » Et il ajouta : « Les présages sont réunis. »

Après avoir accompli nos pèlerinages et en particulier nous être recueillis dans la grotte où Djé Tsongkhapa composa le « Grand Lam-rim », nous fûmes reçus en audience dans un parc du monastère par l'ex-régent.

« Sachez-le, me confia-t-il, votre prédécesseur m'a comblé de bienfaits. Dans ma prime jeunesse, alors qu'il se rendait à Lhassa, Dagpo Lama Rimpotché fit étape près de notre maison et découvrit au fil de la conversation avec mes parents leur dénuement et leur anxiété à propos de mon avenir. Il leur fit alors cette

A sept ans, je prononce les 36 vœux...

prédiction : " Ne vous inquiétez pas, dans quelques mois vos problèmes disparaîtront. Vous résiderez dans une région boisée où chantent les oiseaux et vous connaîtrez des jours heureux. " Puis il leur conseilla, en me désignant : " Prenez bien soin de ce petit garçon, car il n'est pas ordinaire. " Il célébra aussi à mon intention un rituel d'ablutions contre les souillures et reprit le lendemain sa route vers Lhassa. Dagpo Lama Rimpotché, à coup sûr doté de clairvoyance, avait tout pressenti. En effet, quelques jours après son départ, des émissaires du monastère de Rating frappèrent à la porte de mes parents et annoncèrent que j'étais la réincarnation d'un grand lama qu'ils cherchaient depuis un certain temps. Dès lors, l'existence de ma famille prit le tour prévu par votre prédécesseur auquel je voue une profonde reconnaissance. Je fus aussitôt envoyé dans un monastère, au nord de Lhassa, pour y entamer des études, dans une région peuplée de forêts et de merles et mes parents surent que votre prédécesseur avait dit la vérité. »

Chaque fois que je le rencontrais, Rating Rimpotché me racontait cette histoire et me faisait de nombreux cadeaux. Cordial et chaleureux, il me proposa de loger chez lui mais je préférais demeurer chez le moine médecin durant mon séjour à Rating.

L'heure du retour sonna bientôt et nos chevaux nous conduisirent à Lhassa pour le quinzième jour du dixième mois lunaire, c'est-à-dire le jour de la procession de Panden Lhamo, déité protectrice très connue, à l'aspect courroucé et parfois représentée avec un visage de grenouille. Sa statue, habituellement installée dans le temple du Jokhang, est à cette occasion portée, à bras, dans les rues de Lhassa.

CHAPITRE VI

A treize ans, j'intègre
le monastère philosophique du Dagpo

« Mon fils n'est pas très intelligent, il n'est pas non plus très bête. » Les trois bouddhas protecteurs. Dispensé de corvée de bois. L'abbé ? Un prince descendant du troisième souverain du Tibet au VIIe siècle. Mon fidèle ami, mon copain, mon frère. Plusieurs centaines de moines cheminent à pied, en file indienne et en silence. La nuit à la belle étoile par moins vingt. Les nuits blanches. Graisse de chèvre chaude sur une plaie à vif.

Avant que je ne quitte le monastère de Bamtcheu où j'ai étudié de 1939 à 1944, mon professeur, voyant approcher le moment de mon départ pour Dagpo Datsang (le collège du Dagpo), m'engagea, en guise de préparation, à mémoriser l'Abhisamayalamkara, un des cinq ouvrages de base pour l'étude de la philosophie bouddhiste transmis par Maitreya, bouddha de l'amour, à Asanga, un maître indien du IVe siècle, qui l'a transcrit. Et mon père et mon intendant, sachant qu'un autre professeur devrait me prendre en charge à Dagpo Datsang, demandèrent conseil à notre ancien abbé, Kyabdjé Ngagwang Lodreu, un vieux maître âgé de quatre-vingts ans, abbé retiré de Dagpo Datsang, détenteur de la lignée du lam-rim et disciple de mon prédécesseur. Bien que n'y voyant plus guère, il dispensait toujours son enseignement.

Le vieux maître, après réflexion, se prononça : « Pour le jeune lama, je recommande un professeur compétent, pas trop sévère, et d'une grande bonté. » Et, comme mon père, qui ne connaissait personne à Dagpo Datsang, le priait de bien vouloir choisir lui-même ce professeur, il rendit son verdict : « Celui qui conviendrait le mieux est Losang Rigdzine, le fils d'un sous-gouverneur. »

Mon père invita alors ce dernier à Bamtcheu et, après lui avoir offert, selon la tradition, le thé, le riz aux raisins secs, les écharpes blanches et le mandala avec les trois supports, formula sa requête d'une manière assez particulière : « J'ai demandé aux maîtres et aux déités d'indiquer le professeur qui conviendrait le mieux à mon fils qui est lama, et il m'a été répondu que vous étiez le plus qualifié. Je vous prie en conséquence de bien vouloir accepter de vous occuper de ce garçon, dont l'intelligence ne brille guère mais qui n'est pas non plus totalement dénué de capacités. »

Finalement, le guéshé (docteur en philosophie bouddhiste) accepta de devenir maître d'un tulkou, et donc d'assumer une responsabilité supplémentaire, car, bien entendu, si les études du tulkou tournent au désastre, le maître doit endosser cet échec. Il m'incita aussitôt à poursuivre la mémorisation de l'Abhisamayalamkara. Ainsi, pour la première fois, je retrouvais – dans cette vie – mon bienveillant maître qui avait pris soin de moi depuis des vies innombrables. Si la relation spirituelle est bonne, on considère, en effet, chez nous, que le maître a déjà exercé cette fonction auprès de son disciple dans les vies précédentes. Et le

A treize ans, j'intègre le monastère...

disciple fait des vœux pour que son maître le soit à nouveau dans ses vies ultérieures jusqu'au moment où il obtiendra l'état de bouddha. Ces vœux permettent à la relation spirituelle de se poursuivre...

C'était un professeur non seulement gentil, mais gai et détendu. Les jours de congé, il jouait volontiers aux dés avec ses élèves. Excellent pédagogue, il avait constaté que je ne m'intéressais pas d'emblée à la philosophie et ne cessait de me poser des questions sur le programme des études, soit au cours des repas, soit pendant les moments de loisirs. « Est-il vrai, me lançait-il par exemple, que selon les vaibhashika (des philosophes particularistes), les notions de phénomènes efficients et d'existants soient équivalentes ? » A franchement parler, à l'époque, je trouvais cela ennuyeux mais je n'osais pas me plaindre. Du jour où je me mis à étudier sérieusement, il ne me posa jamais plus ce genre de questions. Il est vrai qu'il ne me faisait aucun reproche lorsque j'étais – la plupart du temps – incapable de répondre. Chaque soir, Guéshé Losang Rigdzine préparait un thé très fort pour ses jeunes moines. Il le versait dans nos bols tandis que nous récitions, de longues heures durant, les textes mémorisés : « Les récitants ont besoin d'un bon revigorant », disait-il. Bien plus tard, dans le contexte de l'invasion et de l'occupation chinoise, mon maître rendra ses vœux, se mariera et aura un enfant.

C'est donc au cours de ma treizième année, durant le premier mois lunaire, que j'intègre la communauté du monastère philosophique de Dagpo Datsang où je vais étudier jusqu'à vingt-trois ans. Derrière le collège, au nord, s'élève le massif montagneux des trois protecteurs, trois sommets faisant face au sud. Le pic central, le mont d'Avalokiteshvara (bouddha de la

Le lama venu du Tibet

compassion) est légèrement plus haut que les deux autres, le mont de Manjoushri (bouddha de la sagesse) et le mont de Vajrapani (bouddha de tous les pouvoirs) sur le flanc duquel la déesse Tara blanche (bouddha de longue vie) s'est, dit-on, manifestée.

En contrebas du massif on découvre une grotte extraordinaire où les déités des quatre classes de tantras se seraient également manifestées avec leur mandala, et un peu plus bas, incrusté dans le roc, un vase précieux soutenant treize vases de dakinis (déités féminines). Une forme semblable à une trompe d'éléphant, en train de boire, se détache du côté gauche du mont de Vajrapani. A l'avant, au pied du massif, s'étend un vaste plateau où alternent forêts, grottes, prairies, arbres fruitiers, ermitages et hameaux. Le fleuve Brahmapoutre débouche par le flanc droit du mont de Manjoushri et s'écoule majestueusement en direction de l'est.

Face au collège, le mont Daridoumpo jouit d'une certaine notoriété. Ici, en ce lieu aride, quelques maîtres eurent la vision du palais de Hérouka, bouddha qui symbolise à la fois la sagesse et la grande félicité, tel le grand Losang Toutop, qui deviendra le cent huitième abbé de Dagpo Datsang.

Bâti au milieu de la plaine, le monastère est protégé par une enceinte de pierres cristallines blanches. Au centre, le temple principal abrite une statue colossale du Bouddha Shakyamouni en or et en cuivre, ainsi que de nombreux autres supports du corps, de la parole et de l'esprit. Les cellules des moines s'alignent de plain-pied autour du temple. Et devant, voici les tcheuras, la haute et la basse : les esplanades scolastiques où se déroulent les débats dialectiques.

Pourquoi le massif montagneux situé derrière le

A treize ans, j'intègre le monastère...

monastère porte-t-il le nom de « mont des Trois Protecteurs » ? Parce que, expliquait-on aux jeunes moines, de nombreux témoignages rapportent que des êtres de foi et aux karmas purs eurent la vision directe de la manifestation des trois bouddhas protecteurs. Tel aurait été le cas par exemple de Djampèl Lhundroup, l'une des précédentes incarnations de mon prédécesseur, si on en croit son biographe.

« En arrivant sur l'esplanade des débats et alors qu'il regardait vers le nord, face au massif montagneux à trois pics, les trois protecteurs lui apparurent à plusieurs reprises. Chaque fois que le phénomène se reproduisait, Djampèl, en guise d'offrande du mandala, posait une pierre à ses pieds, si bien que finit par se constituer un gros tas de pierres, désormais appelé " le tas de pierres de Djampèl ". »

Fondé vers 1473, Dagpo Datsang, selon la tradition orale, comptait huit moines à l'origine. En atteste une ancienne et plaisante coutume toujours en vigueur. Lors d'une session d'études spéciale, les mécènes du monastère offrent toujours une ration de thé pour huit personnes, comme au premier jour. En 1950, on persistait à confectionner le thé à partir de cette mince préparation pour environ six cents moines, et chacun observait que la décoction ne colorait même pas l'eau.

En réalité, le nombre de moines a varié au cours des siècles. Différentes biographies citent le chiffre de 330 moines au XVIIIe siècle, et en 1959, à la veille de l'exil du dalaï-lama, des persécutions et des destructions de monastères, près de sept cents moines vivaient à Dagpo Datsang.

Que nous réserve l'avenir ? Toujours selon la tradition orale, le fondateur du monastère, Djé Lodreu Ténepa, étant l'émanation du grand Arhat[1] Lame-Thrène Tène, cela présage qu'un jour mille six cents moines y seront installés. Je pense qu'en raison de la loi d'interdépendance (loi de causalité) infaillible, cela se réalisera. Mais n'anticipons pas. J'en suis à mes débuts d'étudiant en philosophie, à l'orée d'une nouvelle étape de ma vie monastique. Ma famille m'a accompagné pour mon entrée à Dagpo Datsang. Elle offre le thé et les repas pendant deux jours à l'ensemble de la communauté. J'en tire un bénéfice immédiat : on m'octroie en contrepartie le statut de tcheudzé, qui comporte plusieurs niveaux et exempte de certaines tâches matérielles incombant aux élèves. En l'occurrence, je suis dispensé de corvées de bois. Mais mes parents n'ont choisi que le niveau le plus bas et, à part cet unique privilège, je serai soumis au même régime que mes camarades. De fait, à Dagpo Datsang, les tulkous ne jouissent d'aucune faveur : la discipline est la même pour tous. J'en ai été très heureux, je trouvais cela plus simple.

A cette époque, Jigmé Namgyel occupait la fonction d'abbé. C'était un prince, descendant du grand roi Songtsén Gampo, le trente-troisième souverain du Tibet, né en 629, un fervent propagateur des enseignements du Bouddha dans notre pays. Les longues moustaches de notre abbé, si longues que parfois il les laissait pendre derrière ses oreilles, nous distrayaient beaucoup. D'habitude, il les effilait et leurs pointes ondulaient lorsqu'il nous parlait. Moine austère et sévère, il respectait scrupuleusement la règle et l'éthique.

---

1. L'Arhat a totalement éliminé le voile des facteurs perturbateurs (acquis et innés). Il a obtenu la libération du samsara, le cycle des existences.

A treize ans, j'intègre le monastère...

Il ne possédait rien, hormis ses livres. Il nous impressionnait, et même nous terrifiait !

En revanche, Ténpa Tséring, le maître de chœur, doté d'une voix peu commune, était un homme d'une grande bienveillance. Déjà âgé, il jouait volontiers avec les jeunes moines et les entourait d'affection.

A Dagpo Datsang, l'usage veut que tout élève des trois premières classes de logique élémentaire ait un second professeur, ou plutôt un tuteur, choisi parmi les étudiants des classes supérieures. Le mien, un jeune lama originaire du Kongpo, se nomme Losang Kelden. Le soir, quand les moines récitent les textes appris par cœur dans la journée, les élèves des trois premières classes se rendent à tour de rôle auprès de leur tuteur, s'agenouillent à ses pieds, et il leur dispense un court enseignement sur la logique et éventuellement des conseils à propos de la vie au monastère.

J'étais entré en première classe de logique, « la petite classe », vers la fin du premier mois lunaire (fin février, début mars), et j'avais découvert l'étendue du programme : l'Abhisamayalamkara, déjà mentionné, la prière composée par le bouddha Maitreya – qui concrétise l'amour universel –, l'autobiographie de Djé Tsongkhapa, la rénovation des vœux du novice, les sept premiers points de logique. Cette année-là, pour l'examen de mémorisation, toute la classe devait réciter, à l'unisson – une longue épreuve de plusieurs heures. Nous psalmodions en utilisant les mélodies appropriées. Au début, tous récitent ensemble puis, au fur et à mesure, le nombre de récitants diminue. Seules, quelques voix se font entendre à la fin, celles des élèves qui ont réussi à fixer dans leur mémoire l'intégralité du programme.

Quatre à cinq mois plus tard, Thoupten Phuntshog,

Le lama venu du Tibet

un moine âgé de vingt et un ans et de famille aisée, est admis dans ma classe de débutants. Rien de plus normal : au monastère, seule compte l'ancienneté. Thoupten Phuntshog, très vite, va devenir mon fidèle ami, mon copain, mon frère et même mon protecteur. Notre maître commun et mon tuteur me confient à lui et le chargent de me surveiller et de bloquer mes tentatives de dissipation. Nous formons aussi équipe pour affronter les débats dialectiques. Dès lors, nous ne nous quitterons plus. Ensemble, nous prendrons le chemin de l'exil en 1959. Ensemble nous embarquerons pour la France en 1960, sans parler un mot de français. Aujourd'hui encore, nous habitons la même maison à Veneux-les-Sablons, près de Fontainebleau. C'est le siège de notre congrégation bouddhiste, et de l'Institut Guépèle – j'évoquerai leur création un peu plus loin. Tout le monde ici l'appelle affectueusement Guéshélags[1], un titre honorifique.

Dès le huitième mois lunaire, avec la session d'automne, nous passons en deuxième classe, « la classe médiane ». Je suis nommé kyorpeun, littéralement « chef récitant ». Il s'agit d'une sorte de chef de classe, en principe le meilleur de la classe, dont la mission consiste à commencer les récitations collectives. Survient alors le changement d'abbé comme tous les trois ans. Le nouveau est un authentique siddha, un mystique, à mon sens comparable à saint François d'Assise, dont les réalisations spirituelles sont évidentes et forcent le respect.

Autre événement, au neuvième mois lunaire de 1947

---

1. Guéshélags vient de guéshé qui a deux sens : docteur en philosophie dans l'école guélougpa et ami spirituel. C'est aussi, comme ici, un terme d'adresse respectueux vis-à-vis d'un moine d'un certain âge...

A treize ans, j'intègre le monastère...

– je suis alors en classe supérieure de logique – nous partons tous pour Lhassa où le monastère au grand complet doit participer aux célébrations du treizième anniversaire du dalaï-lama, le douzième pour nous : les Asiatiques tiennent compte des neuf mois de gestation.

L'occasion est exceptionnelle. Elle ne se représentera que pour les vingt-cinq ans de Sa Sainteté et lors de son intronisation, car en principe, les moines de notre collège ne voyagent guère si loin. Seule une minorité d'entre eux obtient chaque année la permission de se rendre en pèlerinage dans la capitale.

Le voyage dure douze jours. Lorsqu'ils partent d'un lieu d'enseignement pour en rallier un autre, les centaines de moines se déplacent à pied, c'est obligatoire, et en file indienne, c'est la règle. Trop nombreux, il n'est pas question que nous trouvions un hébergement au fil des étapes. Nous dormons à la belle étoile, enveloppés dans nos capes de laine. Malgré le froid, il est interdit de faire du feu. Nous gelons, mais rien d'insupportable. J'ai connu bien pire lors d'un voyage en plein hiver. La nuit, la température était descendue à plus de moins vingt et au petit matin un lourd manteau de neige recouvrait nos corps.

L'heure du départ varie selon les circonstances. S'il est envisagé de franchir un col dans la journée, le lever sonne avant l'aube, vers trois heures. Il faut en effet partir très tôt pour être redescendu à temps de l'autre côté du col et trouver, à coup sûr, l'eau indispensable à la confection du thé et donc à notre réhydratation. Sinon, nous dormons jusqu'à cinq heures. La cérémonie de récitation quotidienne de prières débute dès que les moines sont debout. Elle dure une petite heure seulement si l'on prévoit une longue marche, le temps pour les cuisiniers d'allumer le feu, de préparer et de distribuer à chacun la valeur de deux bols de thé, dans lesquels, après avoir absorbé les trois quarts du breuvage brûlant, un vrai nectar, on pétrit de délicieuses boulettes de tsampa.

La règle impose de marcher lentement, en silence – les chuchotements sont tolérés –, en récitant des prières. Dans la pratique, les bavardages vont bon train et le maître de discipline et ses assistants ont fort à faire. Remontant et descendant sans cesse notre longue colonne, ils veillent à ce que chaque moine demeure plongé dans ses activités spirituelles, et débusquent les bavards. Le maître de discipline, l'extrémité d'une lanière de cuir enroulée autour d'un poignet, rappelle à l'ordre le distrait ou le désobéissant d'un coup plus ou moins léger sur la tête. Il frappe avec une grande vigueur si la faute s'avère plus grave, par exemple lorsque deux jeunes moines parlent très fort, se bagarrent ou sommeillent au lieu de prier.

Les moines portent leur « paquetage » sur le dos. Celui-ci pèse, selon leur âge, entre quinze et trente kilos. Le maître de discipline, soucieux de la santé des enfants, confie une partie des charges – notamment les provisions de tsampa – aux plus robustes. Tous les « paquetages » se ressemblent et contiennent, dans la cape de laine, un grand morceau de tissu faisant office de sac, le tissu sur lequel le moine s'assoit, un protège-livres, un bol à aumônes et le chapeau jaune.

En route et seulement pendant la marche, les chaussures sont autorisées. On les retire à l'étape et pendant les cérémonies. Hiver comme été. Au monastère la règle préconise de demeurer pieds nus en permanence mais elle joue parfois de drôles de tours dont le souve-

A treize ans, j'intègre le monastère...

nir nous fait rire, aujourd'hui encore, Guéshélags et moi. Pourtant mon ami ne plaisantait pas le jour où, après avoir prié plusieurs d'entre nous de le tenir fermement, un vieux moine cautérisa la crevasse purulente, provoquée par le gel, qui enflammait l'un de ses pieds, en y versant sans hésiter de la graisse de chèvre, chaude, et... en lui infligeant une horrible douleur qui le fit hurler. Un remède efficace. Le lendemain, Guéshélags ne sentait plus rien et marchait comme si de rien n'était!

Vers onze heures, onze heures trente, la colonne fait halte. C'est l'heure d'un repas consistant : deux bols de thé, une soupe et des boulettes de tsampa. Puis la marche se poursuit jusqu'à la nuit tombée. Souvent, à la fin de la journée, jeunes et vieux moines peinent dans les montées. Harassés, haletants, ils attendent alors que leurs compagnons dans la force de l'âge les débarrassent de leur paquetage et les aident à terminer l'étape. Mais, toujours comme au monastère, on ne sert pas de dîner. Il faut se contenter d'un thé. Une longue cérémonie de deux heures, deux heures et demie, clôture la journée. En fait, nous suivons le programme obligatoire et quotidien, récitation de textes, méditation et débats.

Avant de s'allonger pour quatre ou cinq heures de sommeil, jamais plus, la plupart des moines, tenaillés par la faim, s'alimentent en cachette et les professeurs donnent eux-mêmes discrètement un peu de nourriture aux enfants. Ils savent que jusqu'au lever du soleil, ils ne recevront plus rien, alors qu'au monastère, on sert chaque après-midi deux bols de thé préparé avec du beurre et du sel, à la convenance du chef cuisinier. En outre, dans les cellules, il est permis de boire à satiété.

Le lama venu du Tibet

Dès notre arrivée à Lhassa, le vingt et unième jour du neuvième mois lunaire, nos représentants se présentèrent au siège du gouvernement pour fixer la date de notre célébration. « Cela tombe vraiment bien, leur dit-on. Demain 22 est une date favorable pour votre cérémonie. » C'est ce jour-là que l'on commémore le retour, dans notre monde, du Bouddha Shakyamouni. Celui-ci, après avoir obtenu l'éveil complet, s'était rendu dans le monde des déités où sa mère avait repris naissance, et il y était resté un certain temps pour enseigner. En effet, les déités, ou dévas, ne sont pas encore libérées du cycle des existences mais ont obtenu le bonheur temporaire d'une renaissance favorable à l'intérieur de ce cycle, le samsara.

Pour notre abbé, homme fort intelligent mais assez décontracté, ce fut une catastrophe. Persuadé qu'il aurait du temps devant lui, il avait négligé de mémoriser le texte qu'il devait réciter par cœur devant le jeune dalaï-lama et les membres du gouvernement. Aussitôt, il se mit au travail et consacra la nuit à apprendre son fameux texte. Peine perdue. Le lendemain, l'abbé ne s'en souvenait pas du tout. Presque sans voix, il tournait en rond, à la recherche des mots. Le jeune souverain, que je rencontrais pour la première fois, ne tenait pas en place. Turbulent et espiègle, il se moquait de l'impressionnant appendice nasal du malheureux abbé en crochetant son propre nez avec ses doigts. Sa Sainteté s'amusait visiblement et la communauté de Dagpo Datsang vivait un moment pénible.

Heureusement notre maître de chœur sauva notre réputation. Lorsqu'il posa le pied sur le seuil de la salle d'audience et tandis que nous défilions en procession, il coiffa son chapeau jaune à crête et entonna l'invocation à Djé Tsongkhapa d'une voix si puissante

A treize ans, j'intègre le monastère...

que toute l'assemblée sursauta et oublia la défaillance de l'abbé. Passible d'un châtiment, celui-ci ne fut même pas réprimandé par le gouvernement.

Sa Sainteté le dalaï-lama se souvient parfaitement de la voix étonnante du maître de chœur qui l'avait tant impressionné dans sa jeunesse. Il m'en reparle encore lorsqu'il vient en France et que je suis à son service.

Lors de ce séjour à Lhassa, je reçus du second tuteur de Sa Sainteté une grande initiation d'Avalokiteshvara à mille bras et onze visages – ainsi le bouddha de la compassion embrasse-t-il mieux le monde et peut-il accomplir simultanément de multiples activités en faveur de tous les êtres. J'avais déjà rencontré le second tuteur, mais ce fut la première fois que je reçus de lui une transmission complète. Comme j'étais assis au milieu d'un groupe d'enfants, il me fit avancer et installer non loin de lui, signe que j'avais retrouvé le maître bienveillant qui m'entourait de ses soins depuis des vies innombrables. Et quelle joie d'obtenir de lui cette initiation. En effet, Avalokiteshvara, le bouddha de la compassion, est particulièrement vénéré chez nous, au Tibet, ainsi qu'en Chine, au Japon et dans bien d'autres pays bouddhistes. Son nom signifie « le seigneur qui regarde en bas », vers les misères du monde. On l'invoque avec le célèbre mantra « Om mani padmé hum », ô toi, joyau dans le lotus. Et le dalaï-lama est considéré comme la personnification d'Avalokiteshvara !

CHAPITRE VII

La règle monastique la plus sévère du Tibet

Les frères d'un lièvre à cornes. Tout est codifié. Vingt-quatre années d'études. De la logique à la métaphysique en passant par les perfections de la sagesse et la voie du milieu. Réveil à 3 h 30 ou 4 heures. La séance de l'aube. Mémorisation. 200 coups de fouet. Le premier thé. Joutes intellectuelles. Esprits chauffés à blanc. Les plus motivés se privent de sommeil. Offrir le savoir.

Je l'ai déjà souligné, Dagpo Datsang avait la réputation, justifiée, d'être régi par des règles très rigoureuses, sans doute les plus sévères du Tibet. Principe de base, les moines dans la vie quotidienne se contentent du strict nécessaire afin de ne pas verser dans l'un des deux extrêmes, l'abondance ou le dénuement complet. Il leur est interdit de posséder des terres ou n'importe quel bien matériel. Par exemple, le foyer d'un professeur en charge de quelques élèves sera considéré comme nanti pour peu que six ballots de grains d'orge y soient stockés – un ballot assurant la nourriture d'un mois. L'idée générale est « qu'il faut développer peu de désirs » et savoir « se contenter de ce que l'on a » pour ne pas être influencé par « les huit principes mondains » : le bonheur et la douleur, le gain et la perte, le renom et le discrédit, la louange et la critique.

Construites selon les indications fournies par le Bouddha Shakyamouni et répertoriées dans les textes du vinaya (traité des règles monastiques), les cellules – ni grandes chambrées, ni vastes résidences, même pour les lamas – ne contiennent que des objets à l'état brut fabriqués à partir des matières les plus simples et recouvertes d'une peinture jaune. Ainsi les meubles, les autels, les rayonnages, etc. Une housse de laine rouge ordinaire recouvre les matelas garnis de laine ou de foin. Pas de grands coussins ni de dessus-de-lit, pas de cuir ni de fourrure.

Le fourneau, la baratte, les bols, les couvercles des bols, le grand récipient contenant la réserve d'eau, la louche, les marmites, les cuillères sont en bois, en pierre ou en fer à l'exclusion de l'argent, du cuivre, de l'aluminium, du bronze, de la porcelaine ou du verre. A Dagpo Datsang, on considère que les ustensiles domestiques trop précieux s'apparentent aux « frères d'un lièvre à cornes » : ils n'existent pas. Ni soieries ni brocarts n'égaient les vêtements en laine rouge et les gilets de coton tissés. De tels signes de richesse risqueraient d'attiser l'attachement.

Les moines ne verrouillent jamais la porte de leur cellule. L'abbé, le maître de discipline ou son assistant, en tournée de surveillance, peuvent y entrer à l'improviste de jour comme de nuit. Si l'un d'eux remarque un objet interdit, il ordonne sa destruction ou sa confiscation au profit du monastère. Le coupable, selon la gravité de la faute, accomplira une activité expiatoire : confection et pose de rideaux aux portes du grand temple, nettoyage des tapis, prosternations

La règle monastique la plus sévère du Tibet

répétées devant l'assemblée des moines, mémorisation d'un texte... Des règles déterminent l'importance et la durée des sanctions.

Etre en toutes circonstances en conformité avec le règlement, voilà qui est élémentaire. Il est dit dans le « Soutra succinct de la sagesse » (en vers) : « Quoi qu'il fasse, qu'il se déplace, dorme, se repose, le religieux doit se montrer attentif et vigilant et ne pas porter le regard au-delà de la distance d'un joug (1,50 m). Ainsi son esprit ne sera-t-il pas agité. »

Tout est codifié. Un soutra précise, à propos du port du zen, la longue bande d'étoffe dans laquelle se drape le moine, que « ce vêtement du haut doit s'enrouler sur une épaule ». Un chapitre du traité des règles monastiques met en garde contre « les comportements indignes d'un religieux », par exemple « marcher en balançant les bras ou la tête, regarder de tous côtés, bavarder de choses et d'autres, particulièrement en entrant ou en sortant d'un temple », des comportements qui risquent de « faire perdre la foi à ceux qui en sont les témoins ».

Même aux toilettes – en plein air – les élèves ne s'entretiennent en principe que de sujets relatifs à la doctrine. Lorsqu'ils souhaitent poser des questions à leur professeur, ils attendent celui-ci sous le porche, à côté de la porte principale du temple. Chacun à tour de rôle lui expose de façon respectueuse les points difficiles qui le tourmentent tandis que les autres écoutent leur condisciple et réfléchissent au problème posé.

Durant les repas, pris dans le temple, on n'entend aucun bruit, ni de lèvres, ni de déglutition. Les moines, qu'ils boivent du thé, prennent de la soupe ou du tsampa, absorbent la nourriture en silence selon les consignes données par le Bouddha. La tradition orale stipule que si on laissait tomber, depuis la galerie, un grain d'orge entre les rangées des moines, ceux qui se trouvent aux extrémités doivent percevoir le bruit du grain touchant le sol.

Les moines de Dagpo Datsang ne suivent pas tous la même filière. Après les trois premières années obligatoires pour tous de logique élémentaire, ils peuvent selon leurs penchants et leur ardeur au travail soit s'orienter vers l'étude des textes fondateurs, et donc se consacrer à la philosophie, soit choisir une autre voie. Dans ce dernier cas, l'accent est mis sur les invocations à la déité Tara, sur les chants et sur l'étude moins dense du lam-rim. Deux cents moines environ sur six cents choisissent cette voie.

Les quatre cents autres se vouent à l'étude des cinq grands sujets comportant les points essentiels des enseignements donnés par le Bouddha. Outre « la logique », il s'agit des « perfections », du système de « la voie du milieu », des « règles monastiques » et de « la métaphysique ». Chacune de ces matières requiert trois années de travail intensif. Après quoi, l'étudiant (péchawa en tibétain) admis en première puis en seconde classe de métaphysique, soit encore deux années — nous en sommes à déjà quatorze années d'études — attendra dix ou onze ans avant de postuler pour le titre de guéshé (docteur en philosophie[1]), mais sans jamais mettre fin à ses activités intellectuelles et spirituelles. Des activités qui se poursuivront ensuite tant que le moine demeurera au monastère. La règle prévoit toutefois la possibilité de raccourcir ce délai

---

1. On verra au prochain chapitre que l'auteur ne suivra pas ce cursus classique.

La règle monastique la plus sévère du Tibet

fort important à l'intention des malades et des tulkous montrant des capacités différentes, car ils doivent encore recevoir nombre d'autres enseignements.

A Dagpo Datsang, toujours selon la tradition orale, l'étude des traités concernant la voie du milieu et les perfections ainsi que la pratique du lam-rim constituent en quelque sorte « la spécialité maison ». Comme dans les autres monastères, on étudie aussi les grands textes : les enseignements du Bouddha et les commentaires de ces enseignements par les savants indiens, les œuvres de Djé Tsongkhapa et enfin le corpus du monastère lui-même, une collection d'œuvres choisies composées par des maîtres réputés. Des œuvres qui ne se contentent pas de rabâcher simplement ou d'agencer les travaux des maîtres antérieurs mais procèdent des connaissances et des expériences de leurs auteurs.

Durant les neuf premières années d'études, les jeunes moines enveloppés dans leur cape réglementaire et allongés, mi sur les tapis mi sur la dalle, dorment tous ensemble dans le grand temple qui n'est jamais chauffé, à la différence des aînés auxquels une cellule est attribuée.

A 3 h 30 ou 4 heures du matin, le maître de discipline ou son assistant, qui passent également la nuit dans le temple, les réveille en douceur en faisant tinter crescendo des baguettes métalliques liées en faisceau, puis entonne un poème dont la mélodie est si belle qu'elle donne le frisson, une exhortation à se lever commençant par ces mots : « Là où les murs ressemblent à des palissades de perles blanches... » Tout en agitant de plus en plus fort ses baguettes de fer, il parcourt les allées en vérifiant que personne ne traîne et houspille les paresseux.

Le lama venu du Tibet

Une fois levés, qu'il gèle ou non, tous vont s'asseoir sur les ardoises glacées de la cour du grand temple, et sans plus tarder récitent à haute voix, pour eux-mêmes, les textes mémorisés la veille ou les autres jours. C'est la séance de l'aube. En fait, chaque moine reprend par le début tout ce qu'il a déjà appris par cœur. Un entraînement. A l'examen, il devra être capable de réciter n'importe quel chapitre sans omettre un seul mot. Les jeunes moines ont parfois tendance à sommeiller. Alors les surveillants les rappellent à l'ordre avec plus ou moins de sévérité. Ils ordonnent au coupable de se tenir debout ou le fustigent à l'aide d'une baguette ou d'une sangle. Doucement à la première incartade, plus sérieusement en cas de récidive.

En d'autres circonstances, par exemple lorsqu'un moine s'endort pendant les prières ou crée du désordre, la palette de punitions est assez large : prosternations durant plusieurs heures, éventuellement plusieurs journées consécutives, transport de pierres, obligation de se tenir debout au milieu de l'assemblée, un gros livre ou une lampe à beurre allumée dans chaque main tendue à bout de bras, volée de coups de fouet, jusqu'à deux cents en cas de faute grave.

Un moine de ma connaissance reçut effectivement deux cents coups de fouet, mais je ne me souviens pas pourquoi. Je crois qu'il avait poussé des cris pendant une assemblée plénière. Pourtant, malgré le sang qui coulait de ses fesses dénudées, malgré la violence des coups, il plaisantait à l'issue de la correction, car il acceptait une punition sans doute justifiée. Nous étions jeunes alors et nous ne songions pas à élever la moindre critique. Personnellement, mis à part quelques coups sur la tête, je n'ai jamais été puni.

La séance de l'aube dure une heure ou deux. Elle

La règle monastique la plus sévère du Tibet

s'achève par un embryon de toilette. Les moines se rincent la bouche et s'humectent le visage devant la porte de la cuisine – l'eau courante n'existe pas. Se tient alors une séance de prosternations, toujours dans la cour du grand temple, au cours de laquelle on récite une invocation aux trente-cinq bouddhas de confession qui ont un rôle purificatoire. Pendant ce temps, les anciens, les étudiants des classes supérieures qui étudient dans leur cellule depuis l'aube, se rendent à leur tour dans le grand temple où ils sont rejoints par leurs cadets et accomplissent aussi des prosternations. Les six cents moines réunis récitent différentes prières dont la prise de refuge. Arrive alors le moment fort apprécié des deux premiers bols de thé après la récitation de l'offrande du thé, une prière composée par le deuxième dalaï-lama au XVIe siècle.

Le deuxième thé – on y ajoute ou non, selon les cas, du beurre, du sel et parfois de la farine d'orge – servi après une heure d'étude sonne le début d'une séance de deux heures réservée aux débats, à la mémorisation, à la révision et à la récitation des textes. Les trois classes de logique élémentaire se transportent dans la cour pour débattre, tandis que les autres moines restent dans le temple. Ensuite vient la troisième collation matinale – deux thés et souvent une soupe très consistante à base de légumes, de pâtes, parfois de viande – lors de laquelle on récite des louanges adressées à des bouddhas ou à des maîtres.

A l'extérieur, les moines achèvent la longue matinée par une lecture – une heure environ – du soutra de la sagesse dans sa version la plus étendue, en fait le soutra fondamental dit par le Bouddha qui expose la vacuité, l'une des clés du bouddhisme mahayana, le grand véhicule[1]. Puis, après un court exercice de débat, ils rentrent dans le temple pour la séance de la mi-journée consacrée à des récitations parmi lesquelles le soutra de la sagesse. Se succèdent deux thés, vingt minutes de temps libre, puis à nouveau deux thés au cours desquels on effectue une offrande de torma, préliminaire au repas, et on récite les louanges au grand traducteur, Loden Shèrad. Vient alors le moment de se rassembler au tcheura, l'esplanade où se tiennent les débats dialectiques, mais avant qu'ils ne débutent, après la récitation commune des louanges à Tara, l'abbé récite à chacune des classes la partie du texte que les élèves devront étudier dans les jours suivants. S'il se contente de quelques lignes pour les classes de « règles monastiques » et de métaphysique, il débite des textes longs et compliqués à l'intention des étudiants en « perfections » et en « voie du milieu ». Il doit réciter par cœur sans oublier un seul mot. Nous avons tous conscience de l'extrême difficulté d'un tel exercice.

Très intenses, longues – deux heures environ – les séances de débats dialectiques offrent aux étudiants un espace de liberté presque totale à condition de rester dans le sujet. Tout est permis au cours de ces joutes intellectuelles. Crier, taper dans ses mains, courir, faire de grands gestes, bousculer un adversaire, couper celui-ci dans son développement, assener ses arguments avec encore plus de vigueur.

Un moine expose un thème, un autre répond, un

---

[1]. Les adeptes du grand véhicule (mahayana) mettent l'accent sur la compassion et tentent de guider tous les êtres vers la délivrance des souffrances – c'est le cas des Tibétains – tandis que les adeptes du petit véhicule (hinayana) s'attachent au salut personnel.

La règle monastique la plus sévère du Tibet

troisième bondit et exprime ses doutes, et ainsi de suite. Les corps se libèrent, les textes mémorisés si longuement reviennent à la mémoire qui fonctionne au quart de tour et nourrissent le débat. Il s'agit de trouver le bon argument, l'argument-massue, imparable, susceptible de désarçonner momentanément le contradicteur ou de le mettre KO... La plupart des moines, esprit chauffé à blanc, enthousiasme à fleur de peau, connaissent alors des moments de grand bonheur. Ils sentent au plus profond d'eux-mêmes que les intelligences fonctionnent à plein rendement et que l'enseignement reçu produit ses fruits et permet petit à petit de construire des raisonnements très fins. En hiver – le monastère est situé à environ 4 000 mètres d'altitude –, il gèle à pierre fendre, mais nous sommes si pris par le sujet, si mobiles de corps et d'esprit, que nous oublions le froid.

L'intermède des débats terminé dans la fièvre, s'ouvre l'assemblée du soir avec encore un ou deux thés, la louange à Tara et une offrande de torma. Elle comporte une nouvelle plage d'environ une heure et demie dédiée à la mémorisation et aux explications du professeur qui reçoit ses disciples chez lui, leur fait réciter les textes appris dans la journée et leur donne le travail du lendemain en tenant compte des capacités de chacun. Certains apprennent en effet une page ou deux en deux heures et d'autres quelques lignes seulement dans le même laps de temps. Ceux-là vont leur train. C'est l'une des raisons qui expliquent la présence de moines plus âgés dans les premières classes.

A la tombée de la nuit, les moines des classes supérieures regagnent leur cellule. Ils y retrouvent leurs livres avant d'accomplir leurs ultimes pratiques. Les plus jeunes, ceux des neuf premières classes, après une séance « kourim » (prières diverses) rallient une dernière fois la cour du grand temple, vers vingt et une heures trente, et récitent leurs textes jusqu'à vingt-trois heures. Alors, mais alors seulement, il est permis de songer au sommeil. Les jeunes moines, par groupes de trois, en silence et en lente procession, font le tour du temple et marchent vers son entrée, ce qui prend encore beaucoup de temps, chaque groupe ne se mettant en mouvement que lorsque le précédent est arrivé à destination. Il est une heure, une heure trente du matin.

La nuit sera courte, pas plus de trois ou quatre heures de sommeil. Mais tous n'en profitent pas. Ceux qui en expriment le désir reçoivent la permission de continuer à réciter leurs textes durant une, deux ou trois heures. Les plus motivés se privent de repos et passent la nuit dans la cour, sans désemparer.

Je crois qu'une telle méthode est unique au monde. En tout cas, nous la suivions avec entrain et aujourd'hui, avec du recul, je la juge très positive. Cette méthode nous a rendus forts et résistants. Lorsque nous prendrons le chemin de l'exil, Guéshélags et moi, à travers l'Himalaya, nous supporterons les marches forcées, les énormes charges, les nuits glacées, la peur des soldats chinois, avec une facilité déconcertante, cependant qu'un troisième compagnon peinera à nous suivre, harassé, le souffle court, les pieds en sang. Il n'avait pas été formé à Dagpo Datsang. Il n'avait pas cheminé durant des journées entières comme nous le faisions pour rejoindre un ermitage ou un lieu de retraite en franchissant pieds nus des fleuves dont l'eau nous montait jusqu'à la ceinture. Il ne s'était pas entraîné à supporter des nuits blanches ou très courtes alors que l'homme en est parfaitement

La règle monastique la plus sévère du Tibet

capable à condition de s'exercer, de s'aguerrir jour après jour.

A Dagpo Datsang, toutes les journées ne ressemblent pas à celle – la plus courante – que nous venons de décrire. L'année universitaire est divisée en sessions, les unes étant plus particulièrement axées sur la pratique des débats, les autres sur la mémorisation. Dans le premier cas, une assemblée plénière de trois à quatre jours clôt la session. Elle est entièrement vouée aux débats, à raison de trois séances par jour. La dernière qui débute après vingt-deux heures occupe parfois toute la nuit.

Dans le second cas, après la séance de l'aube déjà évoquée mais écourtée, les étudiants filent chez leurs professeurs respectifs où permission leur est accordée de sommeiller ou de s'assoupir un peu tant que le jour n'est pas levé. Mais aussitôt que la clarté permet de déchiffrer les textes – l'électricité n'existe pas non plus – les étudiants derechef apprennent par cœur. Puis ils font le ménage du professeur, allument le feu, préparent le thé et les bols d'offrande – eau à boire ou pour se laver, parfums, encens, fleurs, nourriture, musique –, prient et mangent avant de se replonger dans leurs textes jusqu'à dix heures.

Posté au sommet du temple un moine agite alors une grande cloche. C'est l'heure d'arrêter l'étude et d'aller rendre hommage à la grande statue du Bouddha Shakhyamouni, aussi haute qu'une maison de trois étages ou à celle du bouddha Maitreya. Prosternations, prise de refuge, méditation de l'esprit d'éveil, offrande des ablutions[1], prières en sept

---

1. On verse l'eau tout en visualisant mentalement le ou les bouddhas auxquels on fait l'offrande.

branches (en sept parties) et dédicace, les moines, après ces différentes pratiques, retournent chez leur professeur. Puis le repas de midi est suivi d'un bref moment de détente permettant de laver, de repriser les vêtements ou d'aider le professeur à des tâches domestiques.

L'après-midi, identique à la matinée, se prolonge, après le dernier thé, par une grande, intensive et aussi tardive soirée de récitation de textes. Aucun débat n'est prévu lors de ces sessions.

En principe, les efforts consentis par les étudiants philosophes débouchent vingt-quatre ou vingt-cinq ans après leur entrée au monastère, sur l'examen clé, celui de guéshé, docteur en philosophie bouddhiste. Pour obtenir ce titre si apprécié, le candidat doit subir deux examens, l'un de récitation de texte appris par cœur et l'autre de débat.

Avec le premier, le jury vérifie que le futur guéshé a parfaitement mémorisé les centaines de feuilles des textes étudiées tout au long du cursus universitaire en lui imposant de réciter un chapitre entier de chacun des cinq grands sujets déjà cités : perfections, voie du milieu, règles monastiques, métaphysique, logique. Avec le second examen, celui du débat, le jury s'assure que le sens des textes appris par cœur a bien été compris par le postulant.

L'examen a lieu dans une ambiance solennelle, pendant le dixième mois lunaire, chez l'abbé du monastère, lui-même membre du jury. Le plus érudit des guéshés et l'aîné de la communauté l'assistent. Les trois examinateurs suivent attentivement sur leur propre livre le texte récité par le candidat et s'il arrive que celui-ci hésite sur un mot ou perde le fil, l'abbé lui souffle l'un des mots suivants. Si, après trois interven-

La règle monastique la plus sévère du Tibet

tions, le candidat butte toujours sur le mot ou ne retrouve pas le fil du texte, il est – c'est la règle – en position d'échec et par conséquent exclu sur-le-champ de la communauté monastique. Impossible pour lui de poursuivre l'examen ou de se racheter, il est contraint de disparaître de l'enceinte du monastère sans même passer par sa cellule.

L'exercice apparaît donc très risqué. Voilà pourquoi les candidats s'entraînent à hautes doses durant des années et des années avant de présenter l'examen. Voilà pourquoi les candidats, sous la direction d'un professeur qui veille sur eux comme sur ses enfants, s'astreignent à réciter encore et encore leur texte durant des nuits presque entières.

L'examen de récitation réussi, les futurs guéshés se préparent à débattre à propos des cinq grands sujets étudiés dans les classes successives.

Pour les aider à réviser les textes au maximum, on les dispense de participer aux assemblées et aux débats journaliers et même aux réunions de prières au cours desquelles sont servis les thés. Leur part, mise de côté, est portée dans leur cellule.

Bref, tout est fait pour optimiser leur chance de réussite. A tel point qu'il leur est interdit de sortir du monastère durant une année, le temps de la révision. On les désigne sous le nom de pétsampas, ce qui signifie littéralement « retraite du livre ».

Ils ne demeurent pas pour autant confinés dans leur logement. A l'heure où les plus jeunes y sont réunis, ils se rendent sur l'esplanade des débats et là, quel que soit le sujet ou le passage soumis à la discussion, ils prodiguent leurs conseils et entrent dans le débat, impatients de se confronter à tous les arguments possibles et imaginables. Les pétsampas aident aussi les professeurs de logique à enseigner à leurs élèves la voie des raisonnements et les techniques du débat dialectique. Enfin, lors des traditionnelles clôtures de session, ils s'entraînent encore en répondant aux assauts rhétoriques des étudiants des classes de métaphysique.

L'examen final de débats se déploie sur deux fois deux jours, d'abord pendant l'hiver suivant l'examen de récitation de textes, puis au cinquième mois de l'année suivante. Devant les six cents moines réunis dans le temple en assemblée plénière présidée par l'abbé, le candidat, sur une matière de son choix, affronte seul les étudiants des trois classes de « règles monastiques » et des trois classes de métaphysique. Puis il fait face, sur le thème des tantras, à une classe de karapjampas, nom décerné aux guéshés à Dagpo Datsang.

Quel que soit le partenaire et surtout s'il s'agit d'un lama particulièrement incisif, le candidat doit poser des questions sans la moindre hésitation et sans circonlocutions. Cet examen redoutable effraie parfois les futurs guéshés peu portés sur les débats. Certains d'entre eux racontent avec un effroi rétrospectif que ces quatre jours leur donnèrent l'impression de durer quatre ans.

L'examen réussi, les nouveaux guéshés prennent le chemin des collèges monastiques de philosophie situés dans le Lhokha, au sud du Tibet, pour proposer leur connaissance des cinq grands sujets tant étudiés et à propos desquels ils ont tant réfléchi et débattu. En guise de reconnaissance, ils dispensent à d'autres les précieux enseignements du bouddhisme selon la tradition spécifique de Dagpo Datsang. Au huitième mois, ils réintègrent le monastère et offrent deux thés et un

La règle monastique la plus sévère du Tibet

drétsa – un plat de riz au beurre et aux raisins secs. Cette fois, les voici guéshés pour de bon : on dit qu'ils pourraient réciter tous les textes importants gravés dans leur mémoire même s'ils étaient lancés dans une course éperdue, poursuivis par un chien.

CHAPITRE VIII

Un seul objectif : pénétrer le sens de l'enseignement du Bouddha

Je deviens la risée du monastère. La liberté contre une pièce d'argent. La bénédiction des maîtres. Reçu premier à la grande joie des moines. L'inhibition qui me paralysait disparaît. « Les vieux lamas muets comme des effigies. » Grande initiation de Vajrabhaïrava. La sixième terre. Déités protectrices. Je dore les statues de Dagpo Datsang.

Admis en première classe de paramita – l'étude des qualités spirituelles, comme la sagesse ou la générosité qu'il s'agit de porter à leur perfection – j'étais tenu de réussir trois examens dans l'année. Deux exigeaient la mémorisation parfaite de textes et le troisième impliquait un débat dialectique. Les textes de Dagpo Datsang reproduits par xylographie offrent une particularité qui étonne toujours les Occidentaux. Rédigés d'une manière très dense sur des folios allongés – 50 cm de large sur 12 cm de hauteur – ils contiennent neuf lignes par page, sans aucun blanc et les mots, parfois les expressions, sont systématiquement contractés. Quinze feuilles de chez nous correspondent à environ quarante-cinq feuilles ordinaires.

Le premier examen portait sur seize feuilles du corpus de Dagpo Datsang et le second sur trente-huit feuilles, soit environ cent quarante-cinq feuilles ordinaires. Pour le premier, je présentai au huitième mois quinze feuilles sur les seize requises. C'était acceptable, mais au lieu de poursuivre mon effort, je ne pensai plus qu'à chahuter et à faire rire mes camarades, si bien qu'au troisième mois lunaire de 1949, date du deuxième examen, je fus incapable de réciter. Je n'avais appris qu'une seule feuille sur les trente-huit imposées. Autant dire rien. Et mon examen de débats s'avéra aussi médiocre.

Dans un pareil cas, la règle ne prévoit pas un châtiment corporel mais une sorte d'amende. Le moine fautif ne se voit pas imposer la mémorisation d'un texte supplémentaire. Ce serait absurde. Il doit d'abord rattraper son retard. En général, on lui ordonne de confectionner des coussins, de nouveaux voilages pour le temple ou des courroies en cuir, très longues, que l'on enroule sept fois autour des volumes du Kangyour, la collection des enseignements directs du Bouddha. Pour ma part, je dus en fabriquer seize, mais comme je ne disposais pas d'argent, mon professeur acquitta le prix du cuir.

A franchement parler, durant mes quatre premières années à Dagpo Datsang, je ne manifestais strictement aucun intérêt pour l'étude et en particulier pour la logique dont l'intérêt m'échappait. Et je le payai cher, assez vite, car je ne parvenais pas à comprendre le système des débats dialectiques. Me destinant à méditer le lam-rim, j'estimais que je pouvais faire l'impasse sur la dialectique.

Je devins la risée du monastère et tous s'inquiétaient pour mon avenir. Considéré comme la réincarnation d'un grand maître, j'avais un rôle à jouer et je devais

Un seul objectif...

absolument étudier pour le remplir. Ce n'était pas le cas. Je faisais le strict minimum. Si j'avais le titre de lama, je ne montrais pas les qualités supposées lui correspondre.

A présent, quand je pense à cette période de mon adolescence, je me dis que même si les bouddhas se manifestent sous la forme des maîtres spirituels, il n'y a aucun progrès possible tant que les conditions intérieures sont absentes. Rien ne pousse si la pluie n'arrose que des graines avariées!

Entré malgré tout en seconde classe de paramita, je pris l'habitude de passer une partie de la nuit à jouer et à discuter avec des camarades, à l'extérieur du temple où nous étions censés dormir, jusqu'au jour où le maître de discipline entreprit de surveiller notre retour après avoir constaté notre longue absence. Cette nuit-là, nous étions quatre. A peine rentrés et allongés, le maître de discipline passa auprès de chacun d'entre nous en exigeant une explication. Et comme nous prétextions une envie d'uriner, il ajouta un commentaire laconique sur la longueur supposée de l'opération par rapport à la durée de notre absence et sortit. Mes trois camarades, comprenant l'inutilité d'un tel mensonge, s'empressèrent conformément à la règle de lui déléguer, dès le lendemain matin, un moine plus âgé chargé de lui présenter leurs excuses. Un geste qui ne me vint même pas à l'idée.

Ce jour-là, à l'heure où, durant l'assemblée de la communauté, nous buvions le thé et mangions du tsampa, le maître de discipline prononça un sévère réquisitoire à l'encontre des quatre moines qui sortaient la nuit pour bavarder au lieu de dormir. Trois, précisa-t-il, avaient présenté leurs excuses d'une manière convenable, mais le quatrième avait aggravé son cas en s'en abstenant et se trouvait désormais passible d'une sévère correction, la seule punition pour un tel forfait. « Mais voilà, conclut-il, le coupable a le titre de lama. Aussi, pour cette fois, ne lui infligerai-je pas la correction méritée. Mais je lui demande de se lever dès que le maître de chœur entonnera les prières et de rester debout. »

J'avais bien compris qu'il s'agissait de moi, mais je faisais semblant de ne pas être concerné, me demandant si j'allais ou non me lever. En fin de compte, quand le maître de chœur entonna son texte, je restai assis encore un moment. Le temps que mes voisins, qui avaient compris que j'étais la personne visée, me poussent du coude et me murmurent de me lever au plus vite, avant que le maître de discipline ne décide de me battre. Celui-ci me fixait, en effet, la mine sombre, attendant ma décision. Je me levai donc et me tins debout pendant que les moines récitaient le rituel. Il dura trois heures et le maître me fit enfin signe de me rasseoir.

Ce soir-là, Guéshé Losang Rigdzin après de vives remontrances me signifia que ma mauvaise conduite et mon peu d'ardeur à l'étude lui interdisaient de demeurer mon professeur.

« Cherchez un autre professeur, me dit-il, et quand vous l'aurez trouvé, amenez-le-moi afin que je lui transmette ma charge. En ce qui me concerne, je préfère en rester là. »

« En ce cas, répondis-je, je vous prie de bien vouloir accepter que je quitte le monastère. Il n'est pas question que je cherche un autre professeur que vous. Mon père vous a choisi. Jamais je ne demanderai à qui que ce soit d'autre de vous remplacer. Si vous ne voulez plus vous occuper de moi, j'abandonne le monastère. »

Un seul objectif...

Un processus des plus simples. La règle stipule que, pour reprendre sa liberté, il suffit que le moine offre une pièce d'argent. A bout d'arguments, Guéshé Losang Rigdzin m'envoya chez l'un de ses propres maîtres. Celui-ci, visiblement au courant de l'affaire, sourit en me voyant débarquer, me fit asseoir, m'offrit à boire et à manger puis m'interrogea sur le but de ma visite. Je lui contai mes mésaventures en insistant sur le refus de Guéshé Losang Rigdzin de rester mon professeur, et comme il me demandait ce que je ferais dans un tel cas, je lui répondis que je préférais quitter le monastère.

Le maître éclata de rire et me prodigua force consolations : « Allons, voyons, tout cela n'est pas si grave. En fait, ce n'est pas grave du tout. Je vais tout arranger avec Guéshé Losang Rigdzin. Soyez sans crainte. Mais, de votre côté, consacrez-vous à l'étude. C'est la priorité. »

Cet incident – et sans doute le fait que la bénédiction des maîtres avait un peu pénétré mon esprit – me convainquit de me mettre à étudier sérieusement après quatre années de laisser-aller. Je rattrapai mon retard en mémorisant les feuilles que j'avais négligées d'apprendre tout en réalisant le programme de l'année en cours. Au total, je mémorisai 246 feuilles tibétaines cette année-là. Le jour de l'examen, je présentai la plus grande somme mémorisée des neuf classes et fus reçu premier à la grande joie des moines des monastères et des ermitages de la région qui suivaient le déroulement de mes études avec attention et m'avaient vu lâcher prise avec anxiété. La bonne nouvelle s'était répandue dans la région et les disciples de mon prédécesseur se rassuraient : son œuvre serait poursuivie.

Autre bonne nouvelle, au cours du troisième mois,

je réussis enfin, un peu mieux que les années précédentes, l'examen de débats qui portait cette fois-là sur « la nature de bouddha que tout être recèle en lui ». Puis un soir, juste avant la retraite d'été, lors d'une session durant laquelle se tenaient des débats interclasses, j'eus l'envie de débattre avec un élève particulièrement brillant de l'une des trois classes de madhyamika (la voie du milieu) qui faisaient face à nos trois classes de paramita (perfections). Alors que jusqu'ici, je me contentais de faire de la présence, j'intervins pour la première fois dans la joute portant sur les systèmes philosophiques et l'emportai aisément sur mon contradicteur, car je pus citer les passages d'un traité sur les écoles philosophiques mémorisés quelque temps auparavant.

Le soir suivant, je retrouvai mon interlocuteur pour un nouveau débat et pris encore le dessus. Du coup, l'inhibition qui me paralysait disparut et je participai désormais à tous les débats avec animation. Le jeune lama muet que j'étais devint intarissable. Je ne ressemblais plus à ces « vieux lamas muets comme des effigies proposées à la vénération des fidèles », selon l'expression d'un maître, Gounthang Rimpotché.

En troisième classe de paramita, je confirmai définitivement la fin de mes ennuis. Alors que le programme comportait la mémorisation obligatoire de trente-huit feuilles, je présentai cent feuilles du corpus (texte dense et contracté) plus trois cents feuilles ordinaires et fus encore une fois reçu premier. Aucun de mes camarades n'avait présenté une telle masse de travail. Et mes progrès en examen de débats s'avérèrent très nets.

J'étais entré dans ma dix-huitième année et lors d'une période de semi-vacances accordées après les

Un seul objectif...

examens, mon professeur nous emmena, quatre autres jeunes et moi-même, à l'ermitage où résidait Digoung Rimpotché, un ancien abbé de notre monastère. Il nous conféra la grande initiation de Vajrabhaïrava, forme très irritée du bouddha Manjoushri qui symbolise la sagesse, ainsi qu'un enseignement sur son stade de production[1]. Pour la première fois je recevais une initiation aux tantras supérieurs – des méditations qui portent sur la vacuité et l'esprit d'éveil et que l'on accomplit en invoquant des bouddhas spécifiques. L'ancien abbé effectuait les rituels d'une façon remarquable et avait une influence considérable sur ses auditeurs lorsqu'il enseignait. Je me souviens de la clarté et de la précision incroyables de son exposé sur le stade de production et de son initiation. Il reprit un passage de Djé Tsongkhapa sur nos deux ennemis, la mort ennemie du corps et l'ignorance ennemie de l'esprit – et leurs antidotes respectifs, Vajrabhaïrava et Manjoushri.

Je ressentis alors une irrépressible envie de tout laisser tomber pour me consacrer avec ardeur à la pratique exclusive de Vajrabhaïrava afin d'en obtenir les fruits, soit des réalisations ordinaires, par exemple la clairvoyance et le don d'ubiquité, soit des réalisations suprêmes, autrement dit les qualités d'un bouddha. La parole de l'ancien abbé éclipsait en effet totalement toutes nos préoccupations présentes et ses disciples ne pensaient plus qu'à pratiquer.

---

1. Méditer le stade de production d'une déité (d'un bouddha) consiste à se visualiser sous la forme de cette déité de manière à mieux se familiariser avec les qualités qu'elle représente, dans le but de devenir identique à elle, c'est-à-dire de devenir bouddha pour être enfin en mesure d'accomplir le bonheur de tous les êtres.

Le lama venu du Tibet

Je fus, ce jour-là, désigné comme disciple principal et à ce titre, on me confia, au cours de l'initiation, les substances secrètes : des objets rituels, clochettes, statuettes, vajras, etc, que l'on ne montre pas en public pour éviter qu'ils ne soient souillés, et que le disciple principal reçoit au nom des autres. Digoung Rimpotché se réjouit lorsque je lui indiquai le nombre de textes que j'avais mémorisés, dont plusieurs hors du programme imposé. Pourtant il ne me laissa pas en repos : « C'est très bien, me dit-il, mais avant de les oublier il faudrait débattre à propos de tous les points abordés. » Excellent conseil, certes, mais difficile à suivre. A Dagpo Datsang, on n'accordait pas assez de temps aux débats et d'autre part, un bon débat suppose la présence de partenaires ayant les mêmes ouvrages de référence. Ce n'était donc pas évident. Dès mon retour au monastère, mon professeur m'obtint une audience auprès d'un maître qui venait d'y exposer le lam-rim à l'invitation de notre abbé, en fin de charge. Ce maître m'incita, lui aussi, à bien étudier car il me fallait, insista-t-il, poursuivre l'œuvre de mon prédécesseur et il m'assura de ses prières à cette intention.

Au cours de la retraite d'été, accomplie avec deux autres communautés monastiques, dans un monastère fondé au XVIe siècle par le deuxième dalaï-lama, nos débats eurent pour thème principal : « Le samsara (cycle des existences) a-t-il ou non une fin ? »

En 1951, après les trois premières classes de logique élémentaire et les trois classes de paramitas (les six perfections), j'abordai la première des trois classes de madhyamika (la voie du milieu), ce qui implique la mémorisation parfaite, au mot près, de quatre-vingt-dix feuilles serrées ou deux cent soixante-dix feuilles

Un seul objectif...

ordinaires en trois ans. Trente feuilles devaient être présentées à l'issue de la première classe, mais je réussis cette année-là à apprendre les quatre-vingt-dix feuilles et je fus encore reçu premier à la grande satisfaction de mes maîtres et de la communauté. L'examen des débats avait également donné de bons résultats. Le thème portait sur la vacuité et la manière de comprendre celle-ci. Et d'abord sur cette question : comprend-on la vacuité par rapport à soi-même ou par rapport à d'autres phénomènes ?

En 1952 et 1953, je continuai sur ma lancée. Ayant achevé le programme imposé, je pus choisir les textes qu'il m'apparaissait important d'étudier. Je mémorisai donc « l'Essence des excellentes paroles » de Djé Tsongkhapa, un traité sur la vacuité, soit cent douze feuilles et un commentaire de ce texte, encore une centaine de feuilles. Les examens de débats portèrent en 1952 sur une vue hindouiste admettant la naissance à partir d'une entité permanente. Et en 1953 sur l'absence de fiabilité de ce qui nous apparaît, dans la mesure où notre vision des choses est conditionnée par les karmas : on cite souvent à ce sujet l'exemple des esprits avides ou prétas (on renaît éventuellement esprit avide, c'est-à-dire affamé, assoiffé, etc.) qui voient des flots de pus et autres liquides répugnants là où des humains aperçoivent une jolie cascade.

La retraite d'été approchant de nouveau, je demandai un congé comme la règle l'autorise pour cette période d'un mois et demi, et me rendis avec un ami dans ma région natale, le Kongpo, où nous nous retirâmes dans un paisible ermitage. J'y accomplis une retraite dite de Vajrabhaïrava – on invoque cette déité en lui demandant son aide pour acquérir ses qualités – tandis que mon compagnon y récitait cent mille invocations à Djé Tsongkhapa assimilé aux trois bouddhas de la compassion, de la sagesse et de tous les pouvoirs. Je rentrai ensuite dans ma famille et fis le rituel du feu en dédiant aux déités des offrandes brûlées par mes soins, afin notamment de neutraliser et de purifier les erreurs commises durant la retraite : distractions, ajouts, omissions.

Durant mes neuf premières années de monastère, j'étais un « guétroug », un élève. Je dormais dans le temple avec mes camarades et j'effectuais certaines corvées. Le moment était venu pour moi comme pour d'autres moines de changer de statut. Je devins « guéguén », professeur, et fus chargé d'instruire à mon tour les plus jeunes tout en poursuivant mes études durant trois ans dans les trois classes de vinaya (règles monastiques). Des changements importants : un guégèn pouvait choisir les sujets qu'il étudiait, et soit approfondir les textes déjà abordés soit en découvrir de nouveaux. A part un dernier examen de mémorisation purement symbolique avec dix feuilles relevant des paramitas, un professeur n'était plus tenu d'apprendre des textes par cœur jusqu'aux examens de guéshé mais il devait se soumettre à deux examens de débats par an. En outre, les professeurs disposaient d'une cellule. De ma propre initiative, je mémorisai les « bases des écoles philosophiques[1] » et d'autres textes comme « l'Ornement des soutras » de Maitreya.

Trois ans plus tard, en 1956, mon maître Losang

---

1. L'auteur est le premier Jam-yang Chépa (1648-1721), un grand maître originaire du nord-est du Tibet, l'Amdo, par ailleurs auteur du corpus du monastère de Drépoung/Gomang et fondateur du monastère du Labrang Tashihyil. Le second Jam-yang Chépa/Keuntchog Jigmé Wangpo qui le suit immédiatement est sa réincarnation.

Un seul objectif...

Rigdzin, qui entre-temps était entré au collège tantrique de Gyumed, m'écrivit de Lhassa où il se trouvait alors : « La règle permet aux élèves de passer la période de la retraite d'été là où se trouve leur professeur et non avec la communauté. Venez donc à Lhassa. Vous y rencontrerez nombre d'éminents érudits auprès desquels vous pourrez étudier. Je m'arrange pour vous assurer le gîte et le couvert. »

Ravi de cette proposition alléchante, je me mis en route dès le quatrième mois lunaire, et cheminai avec un ami vers Lhassa où Losang Rigdzin nous avait préparé un hébergement. Mais, à peine arrivés, nous apprîmes la nouvelle : Sa Sainteté le quatorzième dalaï-lama se trouvait sur le départ pour la Chine. Il voulait essayer de plaider en faveur d'une certaine autonomie du Tibet auprès de Mao et de Chou En-lai. Si les Chinois occupaient le Tibet depuis 1950, ils n'avaient pas encore adopté la politique de répression qui, en 1959, aboutira à la perte totale de l'indépendance et à l'exil en Inde de beaucoup d'entre nous.

Perdus dans la foule, tristes et inquiets, nous vîmes le jeune souverain et ses tuteurs s'éloigner de notre pays par un temps magnifique. Reste que l'idée de pouvoir enfin étudier à Lhassa nous transportait de joie. De plus, la chance était de mon côté !

Je fus en effet introduit auprès de Trak-ri Rimpotché, le jeune demi-frère de l'un des tuteurs du dalaï-lama, un disciple fort réputé de Pabongkha Dordjétchang qui avait lui-même reçu énormément de lignées de transmission. Essentielles à nos yeux, celles-ci représentent un gage d'authenticité. Elles sont aussi très nombreuses puisque à chaque fois qu'un maître bouddhiste compose un texte religieux ou philosophique, il amorce une nouvelle lignée de transmission.

Le lama venu du Tibet

On m'avait assuré que Trak-ri Rimpotché enseignait souvent et dispensait aussi quantité de transmissions. Il résidait avec une dizaine de moines dans un ermitage fondé au XVe siècle et accepta avec chaleur de nous laisser assister à ses enseignements : « Vous êtes la réincarnation de Dagpo Lama Rimpotché ; un lien nous unit. Chaque fois que sera donné un enseignement, je vous le ferai savoir. »

Lorsqu'il donnait une transmission, Trak-ri Rimpotché lisait très vite et distinctement deux volumes par jour. Deux assistants se plaçaient à sa droite et à sa gauche. Lorsqu'il était sur le point d'achever la lecture du premier volume, et au dernier mot du texte, l'un des assistants s'emparait vivement du livre, tandis que l'autre déposait le deuxième ouvrage, dûment ouvert à la bonne page, devant le maître. Celui-ci exigeait une parfaite synchronie. Doux et calme dans l'intimité de son logement, le maître ne se départait pas d'une extrême sévérité lors de ses enseignements. Il réclamait une attention absolue et un silence total. On racontait qu'il avait un jour mis fin à la séance après avoir expulsé sur-le-champ un moine qui, en voulant chasser un insecte de la main, avait frôlé son habit. Je me souviens du reste de sa mise en garde avant de débuter une série d'enseignements :

« Vous voici réunis ici, lamas et moines, à votre initiative. Je n'ai invité personne. Souvenez-vous que j'attends le silence le plus complet. Au moindre bruit j'expulse le coupable, quel qu'il soit. »

Je ne peux citer ici le nombre de transmissions et d'enseignements reçus durant ce séjour d'un mois. J'en avais fait établir la liste, mais ce précieux document est malheureusement resté au Tibet et je ne me souviens que des textes les plus importants.

Un seul objectif...

Dès cette époque, j'étais tenté de quitter Dagpo Datsang au moins pour un certain temps et de poursuivre mes études à Gomang Datsang, l'un des fameux collèges de Drépoung, le grand monastère situé à l'est de Lhassa. Ce projet me préoccupait depuis longtemps. Pour plusieurs raisons. J'avais commencé en première classe de paramita à mordre à la dialectique grâce à un ouvrage du deuxième Jam-yang Chépa intitulé la « Guirlande des joyaux des écoles philosophiques ». Et en troisième classe de paramita, j'avais découvert un traité du premier Jam-yang Chépa dont la lecture me plongea, malgré ses difficultés, dans une joie intense. Bref, les écrits de ce grand maître m'attiraient énormément, et je savais qu'il était l'auteur du corpus du collège de Gomang, le meilleur endroit où je pourrais l'étudier.

Digoung Rimpotché me donna, pour sa part, le texte du premier Jam-yang Chépa, intitulé « les Bases du système philosophique » en me conseillant de l'apprendre par cœur et de le réciter mille fois afin de rencontrer la déesse Yangtchéma, car alors on peut, paraît-il, constater... une prodigieuse augmentation de l'intelligence ou plutôt de la sagesse. J'eus donc très envie de réciter ce texte mille fois mais la paresse aidant, je n'y parvins que trois cents fois et je ne vis jamais la déesse!

Il est vrai que selon une autre tradition orale du collège de Gomang, mille récitations de ce même texte permettent d'obtenir la compréhension de la vacuité... A vrai dire, rien de tout cela ne m'est personnellement arrivé. Mais, en 1953, alors que nous nous rendions à Tcheukhorgyel pour y accomplir, comme toujours, la retraite d'été, je fis un pèlerinage à Heulka, site sacré à nos yeux : c'est là que Djé Tsongkhapa effectua d'intenses pratiques de purification. Il y fit tant de prosternations et d'offrandes de mandala que l'on en voit encore les empreintes dans la roche, usée ! C'est là également qu'il eut la vision des trente-cinq bouddhas de confession réputés, entre autres, pour leur effet purificateur – on les invoque au cours d'une pratique de confession de ses fautes. Autant dire que j'étais heureux, mais aussi ému de venir me recueillir dans cette grotte ainsi que dans celle, non loin de là, où avait séjourné Khédroup Djé, son disciple. Et c'est là que je fis la rencontre peut-être la plus décisive de ma vie : celle de Jam-yang Gyatso, moine lettré du collège de Gomang, qui me détermina à m'y rendre.

Jam-yang Gyatso avait préféré ne pas passer ses examens de docteur en philosophie. Vêtu pauvrement, il circulait à travers le pays en accomplissant divers pèlerinages et en donnant des cours aux élèves qui l'accompagnaient dans ses pérégrinations. Il ne possédait que de nombreux livres et un petit tapis de sol en feutre blanc sur lequel il déployait son tapis monastique – le logement du moine, disent certains en plaisantant. Celui-ci dort sur son tapis et le plie pour s'y asseoir. Pour l'heure, Jam-yang Gyatso faisait étape dans la grotte de Khédroup Djé.

Je me prosternai devant lui, me présentai comme un moine de Dagpo Datsang, sans préciser ma qualité de lama, et tout en lui demandant conseil sur la meilleure manière d'épanouir mes études mentalement, je fis d'emblée le vœu de l'imiter tant j'étais empli d'admiration à son égard. Il m'écouta longuement, me laissa lui poser force questions, m'expliqua comment il convient de formuler les vœux et les prières et conclut : « Si vous avez tant envie d'approfondir et d'intensifier vos études, vous pourriez aller à Gomang

Un seul objectif...

Datsang où vous trouveriez d'excellents maîtres, mais – il ignorait que je disposais de quelques revenus – il est difficile pour un simple moine, sans ressources personnelles, d'y subsister. Il vaudrait donc mieux que vous alliez en Amdo, à Labrang Tashikhyil, qui compte d'excellents maîtres et où il n'est pas difficile de se procurer de quoi vivre. » N'oublions pas que les monastères tibétains ne prennent pas en charge les membres de la communauté. Les jeunes dépendent de leur professeur et les adultes de donateurs, à moins qu'ils ne disposent de ressources personnelles.

J'étais désormais décidé à m'éloigner momentanément de Dagpo Datsang. Je fus encore renforcé dans cette idée en constatant les stupéfiants progrès réalisés par les étudiants d'un autre collège auxquels nous fûmes opposés lors de débats dialectiques au cours de la retraite d'été. Or ces étudiants avaient justement bénéficié de récents enseignements de Jam-yang Gyatso. Ebloui par leur science, j'eus l'intime conviction que, pour progresser, il me fallait absolument étudier dans les grands monastères du centre du Tibet et aller directement aux textes fondateurs. Après cette formation, je rentrerai à Dagpo Datsang, me disais-je. En attendant, j'avais la pénible impression de perdre mon temps dans ce monastère puisque personne ne pouvait me donner les explications et les instructions auxquelles j'aspirais. Provisoirement, je n'en parlai à personne.

Par contre, je demandai mentalement aux déités protectrices de Dagpo Datsang la permission de partir et leur expliquai mes raisons et mes objectifs. Il était en effet de notoriété publique qu'un moine s'exposait au courroux des déités et rencontrait maints obstacles par la suite s'il lui prenait fantaisie de quitter le monastère avec désinvolture, et donc de rejeter la communauté. Pour ma part, je ne songeais pas à abandonner le collège. Bien au contraire, je ne poursuivais qu'un but : le servir mieux en me formant mieux. Je me rendais compte que si la discipline et le niveau d'études, à Dagpo Datsang, ne méritaient que des éloges, la méthode d'enseignement utilisée ne souffrait pas la comparaison avec celle des grands monastères de la capitale. Cette méthode, je voulais en faire profiter notre communauté.

Ma décision prise, je consacrai mes derniers loisirs à dorer les statues de Dagpo Datsang avec de la poudre d'or provenant des réserves de mon père : les statues du fondateur, Djé Lodreu Ténpa, de Djé Tsongkhapa et de ses deux disciples principaux, ou encore de Djé Jhampa Ténpa, l'auteur de notre corpus. Or le jour où je dorais précisément cette dernière statue, le temple regorgeait d'offrandes. Etait-ce en raison d'un changement d'abbé ? Je ne m'en souviens plus, mais j'y vis un excellent présage. Et comme je me tenais à genoux sur l'autel, en train de dorer le visage de la statue dont j'avais ôté le chapeau, un moine de mes amis, surgissant par-derrière, m'enfonça le chapeau de Djé Jhampa Ténpa sur la tête. Pure plaisanterie ? Pour moi qui ambitionnais de progresser dans mes études et de rapporter des lignées de transmission à Dagpo Datsang, j'y décelai un signe des plus encourageants. Aussi, après avoir achevé de dorer le visage de Djé Jhampa Ténpa, je passai un long moment en prières.

Une partie de celles-ci seront exaucées, une partie seulement. Pourquoi ? J'ai sans doute manqué d'enthousiasme et je n'ai pu profiter des enseignements de Gomang Datsang que pendant quatre années. En

Un seul objectif...

1959, je fus contraint de m'exiler en Inde pour échapper aux communistes chinois. Privé du cycle entier d'études, j'eus cependant l'opportunité de rencontrer à Gomang Datsang des maîtres éminents, de véritables Manjoushri et Maitreya (bouddhas de la sagesse et de l'amour), et de commencer sous leur direction l'étude du soutra de la sagesse qui expose directement la notion de vacuité et implicitement l'ensemble de la voie qui aboutit à l'éveil. Une chance inouïe !

Encore un mot à propos de Dagpo Datsang. Durant ces années mémorables, mes camarades et moi n'aspirions en fait qu'à pénétrer le sens de l'enseignement du Bouddha. Toutes nos activités convergeaient vers cet unique objectif : l'étude proprement dite, les offrandes, les prosternations, les récitations de prières, les méditations... Habités de cette seule ambition, nous ne sentions ni le froid ni les rigueurs de la discipline.

CHAPITRE IX

Grands enseignements
et prémices de la tyrannie

Je sollicite une divination du dalaï-lama. Tirage des boulettes devant la statue du Bouddha. Accent mongol de mon maître. « La Guirlande d'or des paroles excellentes. » Trône sacré. Fondements de la conscience tréfonds. Pilier de la concentration. Entraînement de l'esprit en sept points. 1958, l'année précédant la tempête. Grand tour de Lhassa en grandes prosternations. Je fais imprimer près de cent volumes. La guerre éclate. Impossible de sortir de Lhassa.

A peine installé à Lhassa, je me rendis au Norboulingka, le palais d'été du dalaï-lama, pour présenter une requête à Kyabdjé Trijang Dordjétchang, second tuteur de Sa Sainteté. « Je souhaite, lui dis-je, progresser dans mes études et recevoir les plus grands enseignements, mais je ne vois pas comment y parvenir sans me fixer à Lhassa au moins pendant quelques années. Ce projet vous paraît-il avisé ? Croyez-vous qu'il pourrait donner des résultats positifs ? Je vous prie de me prodiguer vos conseils et, si vous m'encouragez dans cette voie, de me dire s'il serait pertinent de demander une divination à ce sujet à Sa Sainteté le dalaï-lama ? »

Pourquoi cette dernière question ? Certes le seul avis du second tuteur me paraissait bien suffisant, mais en sollicitant une divination de Sa Sainteté, je visais un autre but : obtenir un certificat consignant les résultats de la divination. Un document qui me serait de la plus haute utilité pour décrocher mon congé officiel de Dagpo Datsang, sans lequel je n'avais pas le droit, en principe, de résider à Lhassa. Bref, la divination de Sa Sainteté m'intéressait surtout en tant qu'instrument diplomatique. Le second tuteur le comprit sur-le-champ et ne s'en formalisa pas, au contraire.

« J'approuve votre projet, trancha-t-il. Il me paraît source des plus grands bienfaits à court comme à long terme, et je trouve fort judicieuse l'idée de demander une divination à Sa Sainteté. »

Ces paroles empreintes d'une affection toute paternelle me parurent celles d'un homme clairvoyant et témoignaient d'une si grande bienveillance à mon égard que je présentai dès que je le pus ma requête au dalaï-lama.

« Je voudrais, lui exposai-je en substance, pouvoir assister aux cours et aux débats organisés dans l'un des grands monastères de Lhassa, sans pour autant intégrer l'une de leurs communautés. Je souhaite seulement donner un nouveau développement à mes études en recevant de nombreux grands enseignements et je sais que cela serait possible au collège de Drépoung Gomang, qui admet les auditeurs libres. Je vous prie de me dire ce que vous en pensez et je vous adjure de bien vouloir faire une divination à ce sujet. »

Sa Sainteté acquiesça à ma requête, jeta les dés puis me donna la réponse : « La divination montre qu'il vous serait très bénéfique d'agir comme vous l'envi-

Grands enseignements et prémices...

sagez. » Et il ajouta : « Je ferai moi-même des prières afin que votre souhait se réalise. »

En possession du certificat de Sa Sainteté, je retournai chez le second tuteur et lui demandai de m'indiquer le nom d'un professeur dont les enseignements me seraient profitables. Heureux du résultat de mes démarches, qui avaient duré plusieurs jours, le tuteur inscrivit sur trois petites feuilles de papier, qu'il plia ensuite, les noms de trois docteurs en philosophie de Gomang et fit signe à son assistant de lui apporter un splendide khatak (écharpe de soie blanche) qu'il posa sur son front en récitant en silence plusieurs prières. Puis il me remit les feuilles de papier et m'engagea à me rendre au Jokhang, le temple principal de Lhassa. « Vous y procéderez, dit-il, au tirage des boulettes devant la statue du Bouddha en priant avec ferveur. »

Le tirage des boulettes ? Il s'agit de confectionner trois boulettes de farine d'orge grillé d'un poids rigoureusement identique, au sein desquelles on insère trois bouts de papier où sont inscrits des noms. On les pèse à l'aide d'une petite balance en cuivre prévue à cet effet dans le temple. On les place dans un récipient recouvert d'un khatak, on récite des prières et on imprime un vif mouvement circulaire au récipient, au-dessus d'un tissu tendu par des assistants, en guettant la première boulette qui jaillira sur le tissu : c'est la bonne. C'est ce que je fis, et l'opération terminée, je rapportai le papier désigné par le sort, et toujours plié, chez le second tuteur. Encore une tradition. Il déplia alors le papier et lut : « Ngawang Nyima. » C'était le nom d'un guéshé mongol originaire de la Bouriatie, une république autonome de l'ex-Union Soviétique.

Le second tuteur conclut alors l'entretien en me

précisant la marche à suivre. « Je vais envoyer un message à ce guéshé pour le prévenir de votre arrivée. Vous lui remettrez un khatak que j'ai préparé pour vous et cette lettre écrite de ma main. » Puis, fixant lui-même la date et l'heure de la rencontre, il m'invita à respecter scrupuleusement cette procédure.

Quelques jours plus tard, fidèle au rendez-vous, je me trouvai en présence de Guéshé Ngawang Nyima. Il m'attendait dans sa cellule et tout se déroula sans surprise. Il était déjà au courant de mon affaire. Toutefois, le second tuteur avait délibérément omis de mentionner mon état de lama, me présentant comme un simple moine-étudiant natif d'une région du sud du Tibet.

Gènlags – nous appelons ainsi nos professeurs principaux (prononcer Guène-la) – me posa aussitôt quelques questions sur mes études antérieures, mais je le comprenais fort mal ; son accent mongol me déconcertait. Il me donna une lampe à beurre, en argent, et me recommanda d'aller le lendemain à la bibliothèque de Gomang. « Les moines-étudiants, m'expliqua-t-il, y seront rassemblés pour célébrer un rituel à la déesse Tara. Offrez cette lampe et faites des prières. »

Le surlendemain, je dus rendre visite à l'abbé de mon nouveau monastère en compagnie de Gènlags pour la présentation traditionnelle. Une simple formalité. Il suffisait de se prosterner, d'offrir un khatak et de solliciter un accord tout de principe. Gènlags m'avait en effet déjà convié, la veille, à assister à un cours. Comme je sortais d'un cycle d'études à Dagpo Datsang, il m'exempta des classes de logique élémentaire et j'entrai directement en première classe de paramita (les perfections), l'un des cinq grands thèmes majeurs que j'avais déjà étudiés à Dagpo Datsang.

Grands enseignements et prémices...

Quand Gènlags lisait un texte que j'avais aussi sous les yeux, je comprenais, mais dès qu'il donnait des explications, j'étais perdu. Son accent mongol et sa manière de mener ses démonstrations me déroutaient.

Notre groupe comportait huit ou neuf étudiants. Trois d'entre eux venaient d'un monastère de l'Amdo, au nord-est du Tibet, dont le corpus et la méthode dialectique étaient les mêmes qu'à Gomang. Pour eux, aucune difficulté, ils suivaient. Pour ma part, habitué à un autre corpus et à une méthode de raisonnement très différente, je frisais la catastrophe et, durant les premiers jours, je sombrais dans l'inquiétude. De plus, la sévérité de Gènlags m'intimidait et je n'osais pas poser de questions. Heureusement je finis par m'accoutumer à l'accent mongol, à la méthode de raisonnement, à la sévérité, et je parvins à suivre.

Après le premier cours, j'assistai à ma première séance de débats à Gomang. D'abord, je fus déçu. Comparée à Dagpo Datsang, la discipline qui régnait sur l'esplanade me parut fort débridée, pour ne pas dire laxiste, et je trouvai les mélodies bien fades. Il est vrai qu'à Dagpo Datsang, elles étaient exceptionnelles et réputées dans tout le pays.

Mais à peine les débats lancés, je changeai d'avis, émerveillé, et je reconnus leur supériorité. A tel point que je fus victime d'un vrai blocage. J'étais incapable d'y participer. Même si je réussissais à comprendre, un peu, le thème proposé à la discussion, je ne possédais pas les éléments nécessaires pour me mêler à ces joutes toujours très profondes.

A Gomang, comme je l'ai expliqué, on étudiait, en effet, dans les classes de paramita, la « Guirlande d'or des paroles excellentes » de Djé Tsongkhapa, un ouvrage sur la vacuité et le sens caché du soutra de la sagesse, qui comporte d'innombrables citations tirées de traités rédigés par les maîtres indiens après le décès du Bouddha. Or, si Djé Tsongkhapa se contente d'une seule citation lorsqu'un concept ne donne pas lieu à des exégèses variées, il n'hésite pas, lorsque les avis divergent à propos d'un concept, à les évoquer tous, larges citations à l'appui, et à les analyser les uns après les autres en s'interrogeant sur leur intérêt, leur valeur, etc. Que faut-il réfuter ? Que faut-il conserver ? Puis, en conclusion, il détermine le sens exact du concept en question. On imagine l'ampleur de l'ouvrage. En outre, dans mon nouveau monastère, on comparait celui-ci à d'autres traités, ceux des grands maîtres de l'école sakya, et aux corpus des autres collèges.

Complètement désorienté au début par la complexité des débats, j'appris à apprécier leur finesse et le souci permanent de mettre en relief les liens du concept débattu avec d'autres idées. Ma foi dans l'enseignement des grands monastères grandissait. Je réussis enfin, à ma profonde satisfaction, à surmonter mes craintes et à me lancer dans un débat. J'eus alors la certitude d'avoir pris la bonne décision en m'établissant à Gomang.

Arriva la session d'hiver organisée dans la région de Jang, à deux jours de marche à l'ouest de Lhassa, du début du onzième mois au quinzième jour du douzième mois. Pour m'y préparer, j'avais mémorisé quarante-cinq feuilles tibétaines : le début d'un traité de logique et le premier chapitre de la « Voie de la libération », de Gyeltsab Djé (1364-1431), l'un des principaux disciples de Djé Tsongkhapa, portant sur les raisonnements et les démonstrations. Gènlags nous avait aussi expliqué le premier chapitre, si compliqué qu'il suscite toujours de véhémentes polémiques.

Grands enseignements et prémices...

Durant la journée, nous étudiions et nous débattions par groupes de deux. Le soir se tenaient deux « damtchas », c'est-à-dire des débats au cours desquels un, deux, parfois trois moines répondent aux questions posées par tous les moines qui le souhaitent. Le premier « damtcha », consacré aux raisonnements, était destiné aux débutants, et le second dédié à la logique. Celle-ci intéressait les moines déjà entraînés.

Chaque soir, deux moines devaient se proposer pour participer à chacun des deux débats, mais il y avait, en réalité, pléthore de candidats pour débattre sur les raisonnements, car l'un des deux grands trônes de pierre affectés aux débatteurs avait, disait-on, été utilisé par Djé Tsongkhapa lui-même. Tous, y compris les moins brillants, se précipitaient donc sur ce « damtcha » en espérant, plutôt que de s'expliquer avec leurs collègues, pouvoir réciter des prières sur ce trône sacré.

Guéshélags, mon déjà vieux compagnon, étant toujours retenu à Dagpo Datsang, je présentai le débat sur les raisonnements en compagnie de Yontén Gyatso, un de mes amis qui, partira un jour, lui aussi, en France et deviendra un remarquable philosophe et l'un des meilleurs historiens du Tibet, notamment de l'époque contemporaine. Aujourd'hui il est membre du CNRS où il travaille avec une équipe de tibétologues.

Une épreuve que je ne suis pas près d'oublier! Avant de s'asseoir sur le trône, il convient de se tourner vers le temple, chapeau jaune entre les mains, et de réciter une prière devant les trois mille moines en robe brune, assis tout autour, et formant à perte de vue une immense tache de couleur. Puis on se retourne et on coiffe le chapeau. C'est très impressionnant.

Le lama venu du Tibet

Ce jour-là, durant près de trois heures, nous répondîmes sans difficultés majeures aux questions des moines du collège de Gandén Jangtsé. Eux aussi se trouvaient en session d'hiver dans le Jang comme les moines des autres collèges philosophiques, deux pour chacun des trois grands monastères : Gandén, Séra, Drépoung.

A l'issue de ces débats, les moines-étudiants regroupés par collèges en unités régionales et locales reprenaient leurs joutes. Celles-ci duraient plusieurs heures et parfois toute la nuit, comme à Dagpo Datsang.

Avec Yontén Gyatso, nous décidâmes d'affronter des moines d'autres collèges, comme le règlement nous y autorisait. Dix débats, pas moins, nous opposèrent ainsi, avec des fortunes inégales, à des partenaires systématiquement différents. Avec ceux de Séra Tché, pourtant réputés pour leur force en logique, tout se passa au mieux après une distribution de thé et de tsampa. Avec ceux de Drépoung Loséling, rien ne se produisit de notable. Il y avait, ce soir-là, abondance de thé salé, sucré, au lait et sans lait, mais peu de débatteurs. Avec ceux de Séra Med, collège de la jeune incarnation de Pabongkha Rimpotché qui participait à la session, je ne fus pas à l'aise. Ils m'avaient reçu avec tant de faste – ils me construisirent un trône – que je ne pus surmonter ma gêne. Mais c'est dans une petite unité locale du monastère de Rateu que quelques moines fort brillants nous dominèrent sans rémission. Ce fut le débat le plus ardu.

Cette première session d'hiver, malgré le grand froid, s'avéra très bénéfique. J'avais pu débattre avec des moines de tous les niveaux et de tous les collèges présents dans le Jang. En effet, si dans la journée on

Grands enseignements et prémices...

rencontrait un moine sur l'esplanade, la coutume exigeait que l'on se livrât aussitôt, avec lui, à une joute dialectique. Peu importait son âge ou sa classe, il n'était pas question de se dérober. Une coutume qui permettait des expériences variées et favorisait les relations et les liens sur le plan humain.

De retour à Gomang, un jury présidé par l'abbé nous fit passer un examen de logique et je repris le chemin de ma classe de paramita.

En 1956, admis dans la classe supérieure, j'assistai aussi à des enseignements donnés par les deux tuteurs de Sa Sainteté : exposé des stades de production et d'achèvement[1], plusieurs grandes initiations et trois cents initiations consécutives. Une grande initiation confère le droit et le pouvoir de pratiquer le tantra correspondant. Une initiation consécutive – à une grande initiation – octroie l'autorisation de mener une méditation complémentaire. J'eus aussi la chance, avec une trentaine de lamas réunis par le premier tuteur dans ses appartements du palais d'été, de recevoir des instructions particulières à propos de Manjoushri et de Vajrabhaïrava.

Et toujours au palais d'été, mais dans un local plus spacieux, le premier tuteur enseigna à une soixantaine de lamas plusieurs lam-rim (le fond est toujours strictement le même ; seuls diffèrent la longueur, les développements et surtout les instructions issues de l'expérience mystique de leur auteur). Et il donna les transmissions de deux textes rarissimes à propos de Vajrabhaïrava. Il n'en existait pas plus de deux ou

---

1. Etapes successives de la méditation dans les tantras, marquées par un développement de la concentration qui permet d'approfondir et de parachever les autres qualités spirituelles jusqu'à devenir bouddha.

trois exemplaires : la somme du grand maître Peldzin, un siddha tibétain – un être réalisé – et la somme de Ra Lotsawa, un célèbre traducteur qui aurait vécu cent quarante ans aux XIe et XIIe siècles.

En 1957, outre le programme courant, je mémorisai, entre autres, les « Fondements à propos de la conscience tréfonds[1] ». Et au cours de la retraite d'été, avec cinq moines-étudiants dont Guéshélags, venu enfin me rejoindre à Gomang, j'accompagnai Gènlags à Kyormoloung, un très ancien monastère, fondé en 1169 non loin de Lhassa, où Djé Tsongkhapa étudia beaucoup. C'était le monastère d'attache du frère cadet de l'actuel dalaï-lama, le jeune Ngari Rimpotché, et son tuteur – Gènlags – y passait ses vacances, installé sous une tente dressée dans le parc.

Nous étions ici en retraite d'été et Gènlags nous enseigna le « Moyen lam-rim » de Djé Tsongkhapa, en respectant les traditions. Nous savions déjà qu'il était un excellent professeur, mais nous découvrîmes qu'il était aussi un grand maître du lam-rim capable de transmettre avec aisance les instructions orales, anecdotes à l'appui. C'est également dans ce monastère que Djé Tsongkhapa, un jour où il était en train de réciter le « Soutra condensé de la sagesse », le soutra fondamental qui expose la vacuité, obtint la compréhension de la notion de « ni existence ni non-existence ». On raconte qu'il resta plongé dans une intense concentration après que les moines furent sortis du temple. Le pilier devant lequel il se tenait alors est

---

1. Vision de l'esprit divisé en huit consciences, l'une d'elles servant de réceptacle aux empreintes karmiques, une empreinte karmique étant une potentialité, bonne ou mauvaise, que l'esprit va conserver. Autrement dit lorsqu'un karma-facteur mental disparaît, il laisse une trace sur l'esprit.

Grands enseignements et prémices...

connu sous le nom de pilier du samadhi (de la concentration). Et c'est dans une grotte près de ce monastère que Djé Tsongkhapa effectua une retraite dans l'obscurité de Kalacakra, bouddha de la roue du temps, et composa une louange à Amitayus, bouddha de la longévité, dont une grande statue était placée dans le temple et avec laquelle, assure-t-on, il se serait entretenu.

Quelque temps plus tard, aux neuvième et dixième mois, le second tuteur nous enseigna le lam-rim intitulé : « La Libération dans la paume de la main » de Pabongkha Dordjétchang, un lam-rim où ce dernier évoque constamment son maître vénéré Dagpo Lama Rimpotché, mon prédécesseur. J'en recevais pour la première fois la transmission. Je me souviens à ce propos que le second tuteur décida, cette année-là, de faire passer ce texte à la postérité. Il ordonna de le graver sur des planches de bois et de l'imprimer.

Puis, durant un mois, il exposa en parallèle quatre lam-rim à quatre mille personnes réunies à Zhidé, dans Lhassa, parmi lesquelles je m'étais glissé : « La Voie aisée », « la Voie rapide », « les Instructions de Manjoushri selon la lignée du Sud » et « les Instructions de Manjoushri selon la lignée du centre ». Il donna aussi deux cours, l'un sur les « Six pratiques préparatoires » à la méditation, selon « la Voie aisée » et selon « la Voie rapide », l'autre sur « l'Entraînement de l'esprit en sept points » – des instructions pour développer l'amour, la compassion et l'esprit d'éveil... De neuf heures à dix-huit heures, les enseignements ne s'interrompaient jamais, mis à part une courte pause à midi.

Le soir, Guéshélags, deux autres moines-étudiants et moi, nous nous hâtions vers le logis d'un autre maître. Nous lui avions demandé de nous expliquer différents points de logique et certains passages correspondants du commentaire de l'un des principaux disciples de Djé Tsongkhapa : « Eclaircissements sur la voie de la libération. »

Et 1958 arriva, l'année précédant la tempête. La politique toujours plus annexionniste et répressive des autorités chinoises laissait peu de doutes sur les intentions de Pékin. Pourtant, je persévérais dans mes études avec acharnement. Je voulais profiter au maximum des professeurs de Gomang. Ma soif d'enseignements était sans mesure. Entré en troisième classe de paramita, j'entrepris d'étudier, en sus du programme habituel, la « Distinction entre sens littéral et sens certain » de Djé Tsongkhapa.

Cette année-là, les examens en débats eurent pour thème : « La nature de bouddha que les êtres recèlent en eux. » Et, dans le cadre du collège tantrique de Séra où s'étaient rassemblés trois mille deux cents personnes, je reçus du second tuteur quatre grandes initiations et de nombreuses initiations consécutives.

Cependant, mon maître à l'accent mongol, Guéshé Ngawang Nyima, sentant le danger communiste se préciser, avait déjà gagné le territoire indien. Fort de son expérience douloureuse de la révolution soviétique, vécue dans sa jeunesse en Bouriatie, l'une des républiques autonomes de l'ex-URSS, il avait préféré prendre les devants non sans nous exhorter à l'imiter avant que la nasse ne se referme sur nous.

« Cela va très mal tourner pour les Tibétains, ne cessait-il de nous dire. Faites comme moi, ne restez pas ici, prenez le chemin de l'Inde et de la liberté. »

Je l'avoue, Guéshélags et moi, éduqués au Tibet à l'écart des fracas du monde et immergés dans le boud-

Grands enseignements et prémices...

dhisme, ne comprenions pas et ne partagions pas cette peur des communistes chinois. Nous avions répondu au maître que pour l'heure, il nous paraissait plus important d'assister aux examens de guéshé que devait passer le jeune dalaï-lama dans les prochains jours. « Que feriez-vous si vous apprenez un beau matin que Sa Sainteté s'est enfuie du palais d'été ? » avait-il répliqué en déplorant notre indifférence à ses objurgations.

Ma réponse refléta mon insouciance. « Bah ! Nous sommes jeunes et nous nous débrouillerons toujours pour partir à notre tour. » Et en le rassurant sur notre détermination à suivre Sa Sainteté si un jour elle choisissait de s'exiler, nous aidâmes notre maître à faire ses préparatifs de départ, à réunir de l'argent, à trouver un véhicule...

Durant l'hiver, tout à mes projets, je partis donc en retraite d'étude avec Guéshélags, auprès d'un maître demeurant à Trak-na Lougou qui nous expliqua de nombreux textes de philosophie, mais aussi de grammaire et de poésie. Comme nous le souhaitions, nous assistâmes ensuite à l'examen final de Sa Sainteté pendant les fêtes de Meunlam (nouvel an tibétain) célébré durant le premier mois de l'année. A cette occasion, des milliers de moines affluaient dans la capitale pour participer aux prières traditionnelles.

Après avoir effectué « le grand tour en grandes prosternations » du monastère de Gandén, je fis le « grand tour en grandes prosternations » de Lhassa, toujours avec Guéshélags. Pendant huit jours, sur la route extérieure qui entoure la capitale – les mains, les coudes, les genoux et la poitrine protégés par des planchettes de bois munies de poignées, des carrés et un tablier de cuir – je me prosternai ainsi des milliers de fois en récitant des prières de purification et des textes sur la vacuité pour rendre hommage aux trois joyaux, le Bouddha, le dharma, le sangha, et contrer mon orgueil. Lors d'une grande prosternation, on s'allonge complètement, on joint les mains au-dessus de la tête et, sans plus attendre, on se relève pour se retrouver debout, le corps bien droit.

L'orage se rapprochait. Depuis environ un an, mon intendant de Bamtcheu, mon oncle maternel, et d'autres membres de ma famille me pressaient de regagner Dagpo Datsang pour y passer mes examens de guéshé. Et comme à Lhassa la situation politique et militaire prenait chaque jour un tour plus critique, je pensai que c'était de toute façon une bonne idée de rallier le Dagpo, une région proche de la frontière indienne.

Je me préparai aussitôt à partir avec l'intention de demeurer quelque temps à Dagpo Datsang et d'y stocker les nombreux livres que j'avais l'intention d'emporter dans mes bagages. Je devais auparavant me les procurer. Après avoir acheté un excellent papier, je passai ma commande – près de cent volumes – au directeur d'une imprimerie devenu au fil des années une vieille connaissance. Il était impossible de trouver des livres en librairie, faute... de librairies. Très rares, les livres appartenaient aux monastères quand des mécènes leur en avaient offert dans l'espoir d'acquérir des mérites, ou à des moines, à titre personnel. Pour s'en procurer, il fallait donc les faire imprimer à son compte. Mais lorsque je voulus finir de régler l'imprimeur, je trouvai porte close à plusieurs reprises. En grand secret, il avait quitté Lhassa pour s'enrôler dans les troupes tibétaines qui s'apprêtaient à combattre l'envahisseur. J'avais perdu deux ou trois jours

Grands enseignements et prémices...

à le chercher et lorsque je décidai de partir pour le Dagpo, il était trop tard. La guerre avait éclaté. On ne pouvait plus sortir de Lhassa.

CHAPITRE X

Un dernier thé en terre tibétaine

Sa Sainteté prend la fuite. Terré dans la cave d'une famille noble. Séduits par les promesses des communistes. Deux mille moines raflés au temple du Jokhang. Quatre mois d'efforts pour sortir de Lhassa. Cinq jours d'angoisse sur un îlot du Brahmapoutre. Suicide de mon cousin. Aplatis au fond de la pirogue en cuir de yack. Des cols à près de cinq mille mètres d'altitude. Bibliothèques vivantes. Baptême de l'air.

A peine eus-je confirmation du départ, encore secret, du dalaï-lama en Inde que ma décision fut prise : je rejoindrai dès que possible Sa Sainteté. Mais comment ? Les soldats chinois barraient toutes les issues. L'événement, capital, se produisit le 17 mars 1959. Convié une quinzaine de jours plus tôt à une séance théâtrale que le général représentant les autorités de Pékin montait à l'intérieur de son camp militaire, le dalaï-lama avait prudemment esquivé l'invitation et s'était enfui, de nuit, avec ses proches, ses deux tuteurs, plusieurs ministres et quelques autres.

Depuis plusieurs jours, rassemblés autour de son palais d'été, des milliers de Tibétains l'adjuraient de ne pas honorer cette invitation et l'émeute grondait à

Lhassa. Les Chinois qui nous occupaient de façon relativement pacifique et discrète depuis 1950 et pratiquaient une forme politique de la main tendue avec notre gouvernement, avaient résolu de prendre tout le pouvoir à Lhassa. Nos responsables, déjà échaudés par l'occupation beaucoup plus dure de plusieurs régions de l'est du Tibet, s'attendaient au pire. Ils redoutaient une agression contre la personne du dalaï-lama.

Je n'ignorais pas à quel point la situation devenait chaque jour de plus en plus grave. A Gomang, deux de mes maîtres s'étaient évertués à m'alerter et, en dépit de ma faible inclination pour les affaires politiques, à me faire comprendre qu'une tragédie se préparait. J'ai déjà évoqué Gènlags, mon maître mongol, que les communistes avaient retiré de son monastère à l'âge de quinze ans et placé de force dans une école soviétique, le contraignant à apprendre le russe et le soumettant à une virulente propagande antireligieuse. Son père avait réussi, au prix d'un voyage à pied et à dos de chameau de près d'une année, à le faire passer, en compagnie de trois autres jeunes moines bouriates, de Sibérie en Mongolie extérieure puis beaucoup plus tard au Tibet où il reprit le cours de ses études bouddhiques.

Il connaissait donc le système communiste de l'intérieur. Depuis les années 57 et 58, il nous mettait en garde contre les préparatifs militaires des Chinois qui édifiaient des casernes et des ouvrages de défense et acheminaient de nuit des renforts en hommes et en matériel. Guéshélags et moi ne comprenions pas très bien le sens de cette activité, mais Gènlags, lui, voyait clair. « Ils organisent leur mainmise complète sur le Tibet, prédisait-il d'un air sombre. Un jour prochain, ils l'envahiront totalement et vous ne pourrez plus partir. »

A cette époque, les Chinois ne contrôlaient pas encore tous les rouages du pouvoir, et sachant que les voyages à l'étranger ne posaient aucun problème, nous refusions de nous inquiéter.

Un autre de nos professeurs, Rimpotché Ngawang Lékdén, ancien abbé du collège tantrique de Gyumed, plus âgé que Gènlags, était très informé de la situation politique en Chine, en Inde et en Mongolie et il avait lui aussi anticipé le drame et nous pressait de décamper au plus vite. Il critiquait avec rudesse les dirigeants tibétains et les responsables des monastères. « Ces gens, disait-il, sont complètement stupides. Ils ne comprennent rien à ce qui se passe. »

Il leur expliquait pourtant l'urgence d'envoyer en Inde tout ce que nous avions de précieux, nos textes et manuscrits originaux, nos meilleurs philosophes, l'or, l'argent, etc. Il leur conseillait de construire des monastères et des universités en Inde, faute de quoi, tonnait-il, « nous perdrons tout ». En pure perte. C'était un visionnaire.

Un jour, je le vis sortir de ses gonds devant un grand maître, réputé pour son érudition, son éloquence et son intelligence, mais qui ne saisissait pas l'intérêt d'expédier en Inde les cinq cents meilleurs étudiants d'un monastère renommé, puisque de toute façon celui-ci avait pour déité protectrice le bouddha Mahakala.

« Ce grand maître est certes très intelligent, me confia-t-il, mais tellement stupide. Mahakala a-t-il empêché la légendaire université indienne de Nalanda[1] dont il était le protecteur de tomber en ruines ? »

Lucide, il ne croyait pas aux tentatives de négocia-

---

1. Nalanda était le plus grand monastère mahayaniste (grand véhicule) en Inde, fondé en 181 environ après que le Bouddha eut quitté son corps en 476 av. J.C. (voir grand et petit véhicule page 82, note 1.)

tions que le dalaï-lama et ses ministres menaient avec Pékin pour trouver une solution pacifique et conserver au moins une sorte d'autonomie par rapport à la Chine. « Ça ne marchera pas, s'exclamait-il. Ça ne peut pas marcher. Voyez la Mongolie, la Russie ou la Chine... Les communistes n'y dictent-ils pas leur loi ? »

Pour vaincre notre incrédulité – nous ne savions rien du marxisme ni du communisme –, il nous incitait à écouter les flots de propagande chinoise déversés dans les rues par des haut-parleurs et nous aidait à démêler le vrai du faux, à décrypter le sens véritable des mots d'ordre et des accusations portées contre l'Occident, par exemple à propos de la crise du canal de Suez en 1956. Ce professeur, si parfaitement lucide, faisait partie de l'entourage du dalaï-lama dont il prépara activement la fuite et qu'il rejoignit en Inde.

Deux autres de mes maîtres, les deux tuteurs de Sa Sainteté, surtout le second, m'enjoignaient aussi de prendre le large sans me révéler pour autant que le dalaï-lama s'apprêtait à tromper la vigilance des Chinois. Secret d'Etat.

Pourtant, je commençais à me douter de quelque chose le jour où je vis le second tuteur suspendu fébrilement à sa petite radio branchée sur les nouvelles de l'Inde en tibétain. Je compris que l'échéance approchait. Avec Guéshélags, je me mis aussitôt en quête de chevaux et de mules pour transporter dans ma région natale les valises de livres commandés au début de l'année en prévision d'une catastrophe. Encore deux jours et nos montures seraient prêtes.

Le 20 mars, les gardiens nous laissèrent entrer comme d'habitude au palais d'été qui donnait une étrange impression de vide. Le second tuteur et l'un de nos amis, serviteur très proche de Sa Sainteté, avaient disparu. Intrigués, nous courûmes au Potala où un vieux fonctionnaire de notre connaissance, âgé de soixante-dix-neuf ans, affecté au service de la xylographie installé dans un temple, leva nos doutes.

« Top secret, murmura-t-il. Sa Sainteté est partie depuis trois jours et approche à cette heure de la frontière indienne. » Quel immense soulagement !

L'heure du départ avait donc sonné pour nous aussi et il fallait faire vite. A coup sûr, les Chinois boucleraient la ville dès qu'ils apprendraient la nouvelle. Car ils ne savaient pas encore. Ils attendaient toujours que le dalaï-lama accepte leur invitation à la séance théâtrale dans leur camp militaire et joue le jeu d'une certaine collaboration avec eux en donnant par exemple l'ordre à la foule, accourue au palais d'été pour le protéger, de se disperser. Faute de quoi, à en croire le mot d'ordre diffusé par les haut-parleurs des commissaires politiques, le palais d'été et la foule feraient l'objet d'une attaque en règle. Jamais la tension n'avait été aussi forte.

Vers deux heures du matin, les premiers coups de canon retentirent et les soldats chinois entrèrent en action. Ils balayèrent la garde tibétaine, pénétrèrent dans le palais d'été dont ils possédaient un plan intérieur détaillé, et coururent directement à la chambre à coucher du dalaï-lama, prouvant bien par là leur intention de le supprimer ou, comme je le crois toujours, de le faire prisonnier et de le forcer à collaborer par la persuasion, la contrainte ou la manipulation.

Furieux de leur échec, les Chinois bombardèrent durant toute la nuit la capitale, le palais d'été, le Potala et les grandes demeures de la noblesse protégées par des soldats tibétains qui combattirent avec l'énergie du désespoir, mais en vain. En trois ou quatre jours de combats et de canonnades, tout était réglé. Privé de son chef spirituel et temporel, heureusement sain et sauf, le Tibet allait devenir un territoire chinois et subir l'implacable loi du parti de Mao.

Nous vécûmes ces jours et ces nuits de bombardements, terrés dans la cave d'une vaste maison appartenant à une famille amie qui nous avait accueillis. Puis les soldats chinois, maîtres de Lhassa, entreprirent de fouiller systématiquement les bâtiments. Un matin, vers dix heures, ce fut le tour de notre refuge. Les soldats, mitraillette au poing, obligèrent la soixantaine d'occupants, dont une dizaine de moines en habit religieux, à sortir dans la cour, mains en l'air, et procédèrent à une inspection minutieuse en ouvrant les portes à coups de crosse de fusil. Ils cherchaient des armes, y compris les couteaux qui auraient pu servir à la guérilla.

L'officier, un homme au visage grêlé, me regarda avec insistance, sans dire un mot et en prenant son temps. Instant d'éternité. Il finit pourtant par se détourner de mon visage et recommença à fureter. Par malheur, il découvrit un étui à revolver, vide. A qui appartenait-il ? Pour nous impressionner, l'officier arma son propre revolver et tira une balle en l'air. Autre instant d'éternité. Mais le propriétaire de la maison ne se laissa pas intimider. Il argumenta longuement et le Chinois, se rendant apparemment à ses raisons, devint cramoisi et sortit sans arrêter personne, à notre grande stupéfaction.

Je pense que dans le fond cet homme était assez bon, car les arrestations s'étaient multipliées ce jour-là dans les autres maisons. Guéshélags l'apprit le lendemain en fouinant dans les coins et recoins de Lhassa qu'il connaissait à fond. La plupart des grandes maisons avaient été mises sous scellés, et leurs propriétaires – nobles et riches commerçants – jetés à la rue ou emprisonnés. C'était aussi le sort de l'élite intellectuelle soupçonnée d'organiser la révolte. Les Chinois essayaient en même temps de se concilier la population en accusant les grandes familles d'avoir asservi le peuple pour mieux l'exploiter et accumuler d'énormes richesses qu'il était donc juste de confisquer pour le profit de tous. Du moins le prétendaient-ils !

Où loger ? Cette question nous taraudait. Je connaissais une femme généreuse qui accepterait sûrement de nous héberger, mais elle demeurait dans la partie est de Lhassa et nous nous trouvions dans la partie ouest où nous avions été enregistrés à l'issue de notre premier contrôle. Or les Chinois ne permettaient pas le transit d'un quartier à l'autre sans un permis dûment estampillé. Ce permis, un Tibétain qui collaborait avec les Chinois nous l'obtint.

Un cas parmi tant d'autres. Depuis 1951, certains de nos compatriotes s'étaient laissé convaincre de travailler avec l'occupant. Les Chinois préparaient le terrain depuis des années et avaient noué de nombreux contacts amicaux avec des Tibétains attirés par des salaires élevés, tout au moins au début, ou séduits par les promesses d'améliorer les conditions de vie de la population et de développer un Tibet jugé arriéré par beaucoup. Des ministres, des lamas réincarnés, des abbés de monastère, des nobles et de simples religieux, endoctrinés ou idéalistes, y avaient cru, sans pour autant se dire communistes. Au Tibet, les sentiments religieux transmis de père en fils, depuis des siècles, imprégnaient les mœurs et les consciences à un tel point que tout reniement semblait impossible dans ce domaine.

Le lama venu du Tibet

La majorité de ces sympathisants changèrent vite d'avis lorsqu'ils constatèrent en 1959 le fossé entre les promesses et la réalité, brutale et sans pitié. Certains se suicidèrent, ou entrèrent dans la résistance et furent le plus souvent arrêtés, torturés, exécutés.

Une fois installés à l'est, chez cette amie, nous fûmes dans l'obligation de nous faire inscrire au commissariat mais, nouvelle difficulté, j'étais ici très connu et je risquais d'être identifié et incarcéré. Aussi, un moine de mes amis, alerté par Guéshélags, se résigna-t-il, malgré sa peur et le risque, à se rendre au commissariat et à s'inscrire à ma place.

Chaque jour le danger augmentait. Les moines encore en liberté étaient régulièrement convoqués dans la cour du temple du Jokhang pour des séances dites d'études, en fait d'endoctrinement. Mais je refusais de m'y rendre et demeurais cloîtré, malgré les gardiens à la solde des Chinois qui espionnaient chaque maison et les fréquentes inspections des militaires. Bien m'en prit! Plus de deux mille moines furent un jour raflés dans la cour du temple de Jokhang, comme je le pressentais. Guéshélags échappa de justesse à cette rafle en réussissant avec sang-froid à se glisser au dernier moment à travers les mailles du filet. D'un ton très convaincu, il persuada un garde chinois de l'urgence de le laisser se rendre aux toilettes tout en lui promettant de revenir aussitôt après dans la cour.

Sortir de Lhassa! C'était devenu une obsession. Un Tibétain travaillant pour les Chinois, et qui avait consenti à nous loger dès que nous fûmes repassés à l'ouest, nous avertit un matin de l'imminence de notre arrestation. Il ne fallait plus tergiverser, mais tenter le tout pour le tout.

Nous quittâmes Lhassa de nuit, à pied, vêtus bien

sûr en laïcs, en compagnie de gens de Nyémo, la province d'origine de Guéshélags. Ils pourraient éventuellement confirmer aux patrouilles que nous rentrions chez nous. Pour donner le change, nous avions aussi laissé repousser nos cheveux.

Un échec. A deux jours de marche de Lhassa, les Chinois gardaient tous les passages et abattaient les voyageurs démunis de permis. Obligés de rebrousser chemin, nous fûmes surpris en pleine nuit par un détachement militaire à cheval dont les hommes nous mirent aussitôt en joue. Les Chinois s'apprêtaient à nous faire un mauvais parti lorsque leur jeune interprète tibétain intervint en notre faveur et obtint que le chef du détachement nous autorise à poursuivre notre route. Mais celui-ci, avant de nous libérer, et sans doute pour nous intimider, épaula soudain son arme, visa et tua un oiseau qui tomba à nos pieds, tandis que le jeune Tibétain, auquel nous dûmes notre salut, nous alertait à la dérobée sur la folie de circuler de nuit dans cette région infestée de Chinois.

De retour à Lhassa, toujours chez l'amie dévouée – elle n'eut pas le cœur de nous chasser malgré le danger évident –, nous savions désormais que nous ne pourrions jamais atteindre la frontière indienne sans un permis de circuler en bonne et due forme. Guéshélags « assiégea » donc le commissariat du quartier est. Il s'y rendait chaque jour et expliquait en pleurnichant à une employée chinoise et à son interprète qu'il était un pauvre paysan et devait regagner au plus vite le Kongpo avec l'un de ses amis (moi) pour y effectuer les semailles à temps et sauver nos familles d'une misère inéluctable.

Cette Chinoise était-elle une émanation de la déesse Tara ou tout simplement une femme aimable et compatissante, différente de ses collègues, en général agressifs et coléreux ? Toujours est-il qu'un matin, elle tamponna le fameux permis en l'absence des membres du comité habilités à statuer sur notre cas. Ce jour-là ils avaient été convoqués d'urgence à une réunion pour y entendre un message de Mao ! Sur le pressant conseil de Guéshélags, elle consentit même à passer, par une fenêtre, dans une pièce fermée à clé pour s'y emparer du tampon salvateur.

En possession du document, il nous restait à trouver une place sur l'un des camions qui allaient chercher des billes de bois dans la région boisée du Kongpo et l'argent pour payer notre transport. Les places étaient rares et chères. Notre bienfaitrice attitrée, une fois de plus, nous tira d'affaire.

Et ce fut le grand jour. Il me fallut renoncer avec infiniment de regret et de tristesse à emporter mes piles de livres. Je ne les retrouverai jamais. Je me contentai de placer dans mon sac à dos sept livres importants que je n'avais pas eu le temps d'étudier à fond, contenant des textes racines et des commentaires de maîtres indiens à propos de nos cinq grands traités.

Toujours aussi vif et débrouillard, Guéshélags réalisa un coup de maître, juste avant le départ. En posant l'argent et le permis sur la table du contrôleur, il réussit à se ressaisir du papier officiel, ni vu ni connu, et à le glisser en un éclair dans l'une de ses manches. Guéshélags se doutait qu'il serait toujours utile de pouvoir exhiber un tampon chinois en cas de contrôle. Il ne se trompait pas. Le tampon nous sauvera à plusieurs reprises.

Le lendemain, le camion nous débarqua dans le Kongpo, la région natale de mon père. Nous étions en juillet. Sortir de Lhassa nous avait demandé quatre mois d'efforts. Mais avant d'entamer notre marche, à travers les montagnes et les cols, vers la frontière, bien des obstacles se dressaient encore devant nous. Et d'abord la traversée d'un premier fleuve, en bac – notre permis récupéré, libellé en chinois, fit merveille auprès du passeur comme auprès des miliciens tibétains enrôlés par les Chinois; puis la recherche d'un guide connaissant les passages menant en Inde et le stockage de nourriture pour une dizaine de jours.

Une Tibétaine, dont le mari avait été jeté en prison, eut le courage de nous recevoir et de nous mettre en contact avec un jeune Tibétain apparenté à ma famille et ayant des accointances avec les Chinois. C'était un idéaliste déjà revenu de ses illusions sur les communistes. Après moult précautions – nous ne nous connaissions pas de visu – je lui dévoilai nos véritables identités. Lorsqu'il sut que j'étais son cousin, et donc la réincarnation du grand maître Dagpo Lama Rimpotché, il n'hésita plus à nous donner l'hospitalité et avoua qu'il se faisait beaucoup de souci sur mon sort depuis le début des événements. Il me révéla l'ampleur de la répression dans la région : les demeures de ma famille, dont celle de mes parents, avaient été vidées et scellées comme à Lhassa, et leurs habitants expulsés ou emprisonnés. Le monastère de Dagpo Datsang, victime du même ostracisme, avait subi de graves destructions.

« Tout est fini, conclut-il. Vos cousins et les moines sont en prison. Vous devez gagner l'Inde le plus vite possible et je vais vous y aider. »

Il pouvait aller et venir et, ancien collaborateur des Chinois, se mettre en quête d'un guide et de passeurs capables de nous faire traverser le Brahmapoutre avant d'aborder la montagne.

Le lama venu du Tibet

Tout se précipita alors. Au bout de quelques jours, mon parent apprit, par une indiscrétion, que, probablement avertis de notre présence, les Chinois avaient l'intention de perquisitionner sa maison. Il nous confia aussitôt à deux passeurs qui nous conduisirent un matin sur un îlot situé au milieu du Brahmapoutre en compagnie de Kousho, un moine de notre connaissance que mon parent avait pris aussi sous son aile.

J'apprendrais bien plus tard que ce dernier s'était suicidé, désespéré à l'idée d'avoir collaboré avec les communistes chinois à une époque où il croyait à leur sincérité lorsqu'ils prétendaient vouloir sortir le Tibet du moyen âge.

Les passeurs nous laissèrent mijoter sur notre îlot durant cinq jours. Cinq jours d'attente interminable et d'angoisse. Et si les passeurs allaient nous dénoncer? Et si les Chinois découvraient notre cachette? Nous étions décidés à ne pas tomber vivants entre leurs mains. C'était convenu entre nous trois. En cas d'alerte, on se suiciderait soit en se noyant dans l'immense fleuve soit en agressant à main nue les soldats qui ne manqueraient pas de nous abattre.

Mais les passeurs, que des Chinois avaient réquisitionnés durant ces cinq jours, finirent par arriver et par nous embarquer. Aplatis au fond de l'embarcation en cuir de yack pour ne pas attirer la vue des soldats très nombreux sur la rive, nous n'en menions pas large, bercés par le chant des passeurs qui tentaient ainsi, avec succès, de faire croire à une banale traversée.

Le guide chargé de nous mener en Inde nous attendait sur l'autre rive, dissimulé dans un bois. C'était un Lopa, accoutumé, comme les membres de son ethnie,

Un dernier thé en terre tibétaine

fixée sur le versant indien de l'Himalaya, à transporter des marchandises de part et d'autre de la région frontalière.

La dernière étape commençait, une étape longue d'une semaine. Les pistes traditionnelles, surveillées par les Chinois, étaient impraticables. Le Lopa nous entraîna donc sur des chemins qu'il connaissait mal et nous fit franchir dans la neige et sous les orages de nombreux cols à près de 5 000 mètres d'altitude. Il s'égara plusieurs fois dans le brouillard. A la différence de Kousho, fort éprouvé par les marches harassantes et les nuits glaciales, Guéshélags et moi, je l'ai déjà rapporté, supportâmes ce régime avec une grande aisance. Nous étions endurcis, capables de ne pas dormir et de résister à n'importe quelle intempérie. Nos sacs de trente kilos, bourrés de tsampa, de viande séchée, de thé et de mes livres ne nous pesaient guère. Guéshélags transféra même dans son propre sac une grande partie des affaires de Kousho qui, épuisé, ralentissait la marche de notre petite troupe.

Nous fûmes rejoints en cours de route par cinq personnes qui voulaient, elles aussi, se réfugier en Inde. Elles avaient entendu parler de notre expédition et nous apportaient des provisions supplémentaires en espérant profiter de notre Lopa qui éprouvait toujours les plus grandes difficultés à s'orienter. Souvent, nous fîmes brûler des grains d'orge consacrés à une déité protectrice : étonnamment, le brouillard se dissipait, dessinant un chemin que nous empruntions...

Après avoir longé un immense lac de montagne où se déversaient, en nous éclaboussant, d'impressionnants blocs de neige, l'Inde fut devant nous. Une pente à pic nous en séparait. Une seule solution : bien arrimer nos sacs et se laisser glisser sur le dos, dans la pierraille, en se retenant avec les talons. Une bonne heure après, nous étions en bas, le dos meurtri, mais heureux. Encore une journée de marche et nous touchions au but.

Une seule route y conduisait, très dangereuse : des camions militaires chinois l'empruntaient assez souvent. Cachés dans un bois, nous attendîmes, en faisant du thé, la tombée de la nuit et le feu vert de notre Lopa, parti en reconnaissance, pour affronter l'ultime difficulté. Il nous rejoignit enfin : la voie était libre.

Il fallut encore marcher toute une nuit et ce fut le dernier col – la frontière – où flottait le drapeau indien. Avant de contourner le poste chinois, et de nous présenter aux militaires indiens, nous prîmes un dernier thé en terre tibétaine.

Le moment était arrivé de quitter notre pays. Je me retournai vers le Tibet et regardai nos montagnes en silence. Un moment de forte intensité, partagé avec Guéshélags. Si nous nous réjouissions de retrouver Sa Sainteté et nos maîtres en Inde, si nous nous disions une fois de plus qu'il n'y avait aucune raison de rester dans un Tibet privé de liberté, nous ressentions une profonde tristesse à l'idée de quitter nos familles et notre patrie. Mes parents étaient décédés depuis longtemps. J'avais onze ans à la mort de ma mère et dix-sept à celle de mon père. Traumatisé par l'invasion chinoise, il avait fait d'ardentes prières, me dira-t-on plus tard, pour ne pas assister de son vivant à la débâcle tibétaine. Son vœu s'était réalisé. Mais je n'avais même pas pu prévenir de mon départ ni mes sœurs, ni mes beaux-frères, ni mes cousins, ni aucun membre de ma famille livrée à la vindicte chinoise. Presque tous seront soumis aux travaux forcés. Et je ne reverrai

Un dernier thé en terre tibétaine

plus jamais la plupart d'entre eux, en particulier Yéchéla, ma sœur aînée.

Avec le recul, je pense que l'exil était la seule solution. Si tous les lamas, les érudits, les moines, bref l'élite religieuse était restée au Tibet, la culture tibétaine fondée sur le bouddhisme aurait aujourd'hui complètement disparu. C'est sûr, il fallait essayer de sauver notre patrimoine religieux et culturel en nous exilant en Inde, où nous avons depuis reconstruit nos monastères et continué à enseigner, donc à servir la nation tibétaine.

Certains disent que nos longues et multiples séances de mémorisation de textes bouddhistes nous ont transformés en bibliothèques vivantes. N'exagérons pas. J'estime que les textes imprimés sont essentiels et c'est bien pour cette raison que j'avais commandé une centaine de volumes à Lhassa et que je m'étais acharné à transporter sept lourds volumes sur d'invraisemblables pistes de haute montagne. Je crois pourtant que la mémoire des milliers de moines qui ont suivi le dalaï-lama en 1959 a sauvé la culture et la religion tibétaines. Aucun doute là-dessus. Nous sommes partis avec notre patrimoine dans la tête, un patrimoine que nous avons ensuite transmis soit par écrit soit par oral.

Au poste frontière, les formalités furent abrégées grâce à l'interprète, un jeune homme originaire du Kongpo. Il m'avait reconnu et expliqua qui j'étais à l'officier indien fort intrigué par mes sept livres. « C'est notre lama », lui dit-il. Alors l'officier soulagé – il me prenait pour un espion – nous offrit du thé, plaisanta et nous donna un guide pour nous aider à redescendre dans la vallée et à rejoindre un camp d'une centaine de réfugiés arrivés par d'autres chemins.

Craignant le climat très chaud de la plaine indienne,

ces derniers refusaient de s'éloigner des montagnes. A la demande d'un général indien, très coopérant avec les Tibétains, je leur tins plusieurs discours pour les convaincre d'évacuer des lieux où ils risquaient d'être attaqués par un raid de militaires chinois, raid susceptible de déclencher une guerre entre Pékin et New Delhi.

Quinze jours après, accompagné par mes compatriotes et le général qui avait tenu à porter lui-même mes livres, je marchai vers une petite localité dotée d'un aéroport. Un groupe de Lopas nous attendait. Ils me prièrent de leur lire plusieurs passages de mes livres. La présence d'un lama, pour eux une sorte de médecin, les réconfortait et ils chantèrent toute la nuit.

Enfin, un après-midi, vers seize heures, le pilote d'un avion de transport de marchandises, bloqué au sol depuis trois jours par des pluies diluviennes, profita d'une éclaircie pour nous embarquer et mettre le cap sur le centre de l'Assam, l'Etat de l'extrême-est de l'Inde où nous avait conduits notre guide. L'avion tanguait et nous ballottait. Effrayés, les Tibétains criaient et récitaient des mantras. C'était notre baptême de l'air!

CHAPITRE XI

Les contrées des faces rouges

Une flore microbienne inconnue des Tibétains. Terrassé par une fièvre de 42°. La terre natale du Bouddha. Sa Sainteté m'ordonne bhikshou (ordination majeure). 253 vœux. L'hôtel Himalaya. Rencontre avec des tibétologues occidentaux. Invitation à venir en France. Trente-deux postes financés par la fondation Rockefeller. Sa Sainteté nous prodigue maints conseils. « Nous sommes proches par le cœur. » Les dix déités courroucées. L'avion pour Paris.

A peine étions-nous installés à Misamani, un centre d'accueil où les Indiens regroupaient les réfugiés tibétains, que je tombais malade. Rien d'étonnant. En ce mois d'août, la chaleur était accablante. Les Tibétains supportaient mal une température de 38 degrés après les nuits glaciales vécues dans leurs montagnes. Déjà en proie au stress, beaucoup d'entre eux ne résistèrent pas à la malaria et aux effets d'une flore microbienne inconnue en nos altitudes au climat sec, et contre laquelle nous n'étions pas immunisés.

Terrassé par une fièvre de 42 degrés – j'avais dû absorber une nourriture d'une fraîcheur douteuse – je délirai et me laissai porter aux « toilettes », c'est-à-dire dans la nature, par des voisins compatissants. Mais Guéshélags veillait. Il retrouva une connaissance dans le camp, expliqua le triste état d'un lama de ses amis et obtint qu'une jeep vienne me chercher et me conduise auprès d'un médecin. Une piqûre et le lendemain tout allait mieux.

Après ma guérison, Kou-ngo Wangdulla, un de nos amis, qui avait déjà trouvé un poste dans un bureau, nous emmena à Kalimpong, une station de montagne située près de Darjeeling en Assam, où la fraîcheur et l'hospitalité d'amis tibétains activèrent ma convalescence.

Qu'allions-nous faire ? Si j'étais heureux de fouler le sol d'un pays libre et de surcroît la terre natale du Bouddha et des grands maîtres indiens, je ne pensais toujours qu'à une seule chose : poursuivre mes études et passer mes examens de guéshé. J'essayai donc de rejoindre les moines des grands monastères de Gandén, Séra et Drépoung déjà plus ou moins réorganisés en Inde. En vain. Il fallait s'inscrire sur une liste d'attente fort longue et patienter durant des mois.

Nous savions qu'avec l'accord bienveillant de monsieur Nehru, Premier ministre de l'Inde, Sa Sainteté, ses deux tuteurs et son gouvernement en exil résidaient provisoirement à Mussoorie, au nord de New Delhi, et nous avions hâte de solliciter leurs conseils et de raconter nos aventures.

Tous nous accueillirent à bras ouverts. Ils avaient soif de nouvelles. Or depuis leur départ et le début des troubles à Lhassa, personne à part Guéshélags et moi n'était sorti de la capitale après sa prise définitive. Nous fîmes un minutieux rapport au gouvernement avide de collecter le maximum d'informations sur les exactions commises par les Chinois. Et nos compatriotes, assez nombreux à Mussoorie, qui se trouvaient depuis le mois de mars dans l'ignorance totale du sort réservé à leur famille et à leurs amis nous assaillirent de questions. L'étonnante mémoire de Guéshélags, jointe à sa connaissance des lieux et des gens, fit merveille. A Lhassa, tandis que je me cachais, il avait beaucoup circulé pendant les troubles et enregistré quantité de détails et de confidences.

Le dalaï-lama nous reçut pendant une heure et loin du décorum habituel du palais d'été ou du Potala, nous eûmes pour la première fois une relation directe. Dès qu'il sut que j'avais apporté sept livres assez rares, il s'informa du nom de leurs auteurs et, ravi, me pria de les lui confier en assurant qu'il me les rendrait après les avoir fait copier. Comment refuser ? Sa Sainteté, dans l'affolement de son départ, n'avait pas eu le temps ou l'opportunité de glisser quelques livres précieux dans ses bagages et se trouvait fort démuni. La copie occupa plusieurs années et je ne récupérerai les originaux qu'au fur et à mesure de l'avancement du travail et bien des années après cette audience.

« Et maintenant, m'interrogea Sa Sainteté, que comptez-vous faire ? »

Alors, comme je lui exprimais mon souhait de poursuivre mes études et de passer les examens de guéshé, il reprit la parole et me tint ces propos ahurissants :

« Reprendre vos études, oui, pourquoi pas ? Mais ne vous y attardez pas. Il est probable que dans peu de temps vous serez appelé à partir en Occident avec d'autres jeunes lamas. »

En Occident ? Je n'en croyais pas mes oreilles. Je considère aujourd'hui qu'il s'agissait d'une véritable prédiction. Personne n'envisageait encore ce genre d'évolution. Personne n'avait encore exprimé un tel souhait.

J'étais déjà sorti de la salle d'audience lorsque Sa

Sainteté me rappela pour me raconter l'un de ses rêves. Il en ressortait que le dalaï-lama vivrait jusqu'à cinquante ans. « Est-ce un bon rêve ? » me demanda-t-il non sans malice. Et moi de répondre : « Oh non, en aucun cas. Veuillez, je vous prie, demeurer longtemps parmi nous, beaucoup plus longtemps. Au moins jusqu'à cent ans. »

A Mussoorie, je retrouvai mes maîtres avec une immense joie. Kyabdjé Trijang Dordjétchang, le second tuteur de Sa Sainteté, m'exposa, comme si de rien n'était, plusieurs points de grammaire, et Kyabdjé Ling Dordjétchang, le premier tuteur, me conféra l'initiation consécutive du bouddha à aspect féminin Yangtchéma qui symbolise la sagesse, puis il m'enseigna une méditation corrélative composée par Jam-yang Chépa...

Sa Sainteté et les deux tuteurs s'apprêtaient à partir en pèlerinage à Bodhgaya, le site sacré où le Bouddha atteignit l'éveil – la perfection de la bouddhéité – et nous ne songions qu'à leur emboîter le pas, malgré notre impécuniosité. Nous ne possédions plus rien. La pièce d'or que l'on m'avait donnée à mon départ de Lhassa n'était plus qu'un souvenir, comme du reste les petits objets emportés dans nos sacs et vendus au fil de notre route pour survivre.

Un vieux moine, ami de notre maître bouriate, Guéshé Ngawang Nyimala, réfugié en Inde depuis 1958, nous tira d'affaire. Il régla les problèmes de transport et nous dénicha un hébergement gratuit chez des disciples du Mahatma Gandhi, des végétariens ne portant que des cotonnades tissées de leurs mains et ne se nourrissant que des produits de leurs champs. Ils acceptèrent de nous recevoir à la condition expresse que nous ne mangions pas de viande et que nous respections la minutieuse propreté des lieux. Comment ne pas être d'accord ? Je l'avoue, il nous arriva pourtant de déguster de la viande en cachette, à plusieurs reprises, lorsque l'occasion s'en présenta.

A Bodhgaya, Sa Sainteté, à ma requête, m'ordonna bhikshou au cours d'une cérémonie officielle. En d'autres termes, je pris les grands vœux – il y en a 253 – et je devins un moine complètement ordonné, comme mon maître bouriate m'y avait vivement engagé. Guéshélags choisit la même voie.

Tout s'enchaîna. Une relation familiale, madame Zourkhang, l'épouse d'un ministre de l'actuel dalaï-lama, nous ayant incités à visiter Calcutta et pourvus d'un peu d'argent, nous voici quelques semaines plus tard dans la grande cité du Bengale, peu éloignée de l'Assam. Nous y rencontrâmes un érudit bouriate, un homme étrange qui avait enseigné le tibétain et le sanscrit à l'université. Violent, colérique, il frappait ses étudiants et avait perdu sa chaire. En nous promenant à travers Calcutta, il nous tint des propos très critiques à l'égard de Sa Sainteté et de ses tuteurs qui, selon lui, n'auraient jamais dû quitter le Tibet et nous pressa de rentrer à Lhassa en proposant d'intervenir en notre faveur auprès de l'ambassade de Chine en Inde.

« Si toutefois, ajouta-t-il, vous commettez la grossière erreur de rester en Inde où vous risquez d'être surpris par une probable invasion chinoise et où, de toute façon, vous ne vous en tirerez pas, allez à l'hôtel Himalaya, à Kalimpong, et demandez de ma part le propriétaire, monsieur MacDonald. C'est un Indien. Il vous aidera à survivre. Par contre, ne suivez pas ses conseils : il professe des idées d'étranger. »

Il nous donna aussi quelque argent mais, soupçonneux – était-il un espion ? – nous l'évitâmes désormais. J'apprendrai ultérieurement son départ pour la Mongolie extérieure, alors sous la coupe du Kremlin. Il y végétera dans une échoppe de cordonnier.

Les grandes chaleurs embrasaient Calcutta et nous aspirions à retrouver la relative fraîcheur de Kalimpong où nous attendaient, sans doute, des nouvelles de notre inscription aux enseignements des grands monastères. Hélas ! rien. Le bureau des autorités tibétaines qui, depuis notre arrivée en Inde, promettait de nous envoyer ce sésame, demeurait muet.

Déçus, il ne nous restait plus qu'à mettre à exécution notre projet d'apprendre une langue étrangère. L'hindi n'étant guère répandu, même en Inde où l'on parle aussi d'autres langues et des centaines de dialectes, l'anglais s'imposait. Nous nous adressâmes à deux missionnaires américaines, deux vieilles dames protestantes qui avaient créé à Kalimpong une école gratuite à l'intention des jeunes lamas tibétains. Mais elles nous accueillirent sans aménité et nous refusèrent leur concours, sous le fallacieux prétexte que d'autres écoles, plus adaptées à notre âge, conviendraient mieux. Celles-ci étaient payantes et je le fis remarquer en expliquant notre dénuement. Sans obtenir gain de cause. L'une des missionnaires m'interrompit tout net : « Cela ne nous regarde pas. »

Nous ne les intéressions pas, je le compris vite. Elles préféraient enseigner l'anglais à de jeunes lamas, avec l'arrière-pensée de les convertir. J'ajoute que ces missionnaires débordaient de générosité envers les réfugiés tibétains. Elles leur procuraient notamment les médicaments dont ils avaient tant besoin.

Désappointés, mais toujours pas découragés, nous tentâmes notre chance auprès des rares Occidentaux fixés à Kalimpong. Un couple d'entre eux habitait, nous dit-on... l'hôtel Himalaya et pourrait nous dépanner.

Dans le parc ombragé et fleuri de l'hôtel, une jeune femme brune lisait, assise sur un banc. Elle s'enquit avec gentillesse de notre présence, nous invita à nous asseoir et appela aussitôt son mari. C'était un monsieur MacDonald, mais pas celui dont on nous avait parlé. A notre grande surprise, il comprenait le tibétain. Ecossais d'origine, il avait opté pour la nationalité française, celle de sa femme. Ils écoutèrent notre requête avec attention, puis nous posèrent une foule de questions. Apprenant que nous avions étudié la philosophie bouddhiste, monsieur MacDonald entreprit de me sonder. Est-ce que je connaissais la célèbre chronique de Bouteun, le grand maître tibétain (1290-1364) qui décrit l'expansion du bouddhisme en Inde et dans les pays limitrophes ? Est-ce que j'avais lu tel, tel et tel ouvrage ? Mes réponses, toutes positives, réjouirent manifestement les MacDonald, tous deux tibétologues, et ils nous proposèrent un échange. Ils nous apprendraient l'anglais contre des commentaires de textes tibétains. C'était une chance inespérée. Rendez-vous fut pris pour le lendemain à seize heures. Nous étions priés d'apporter un cahier.

Les leçons réciproques commencèrent. Monsieur MacDonald nous initia d'abord à l'alphabet dont j'ignorais surtout la prononciation, puis ce fut à notre tour de remplir le contrat, c'est-à-dire de lire plusieurs passages d'une chronique ancienne et de gloser sur l'auteur et le sens du texte.

Enchantés par ma prestation – ils appréciaient, semble-t-il, mon élocution et la clarté de mes commentaires – monsieur et madame MacDonald nous invi-

Le lama venu du Tibet

tèrent à déjeuner le lendemain et à leur consacrer encore plus de temps. Jusqu'à présent, ils travaillaient sans en tirer le bénéfice escompté avec un moine du monastère de Drépoung Gomang, un Mongol dont l'accent leur faisait perdre une partie du sens des mots. En m'écoutant articuler dans ma langue natale, ils avaient forcément l'impression de beaucoup mieux comprendre les chroniques. Nous jubilions à l'idée de l'invitation à déjeuner : c'était toujours un repas assuré.

L'échange de leçons se poursuivit durant trois ou quatre jours dans la plus studieuse et la plus cordiale des ambiances et nous reçûmes une nouvelle invitation à prendre un repas deux jours plus tard, mais cette fois avec le grand patron des tibétologues. Une rencontre décisive.

Le professeur Stein, d'origine allemande et réfugié en France pour fuir le nazisme, enseignait la civilisation tibétaine à l'Ecole Pratique des Hautes Etudes. Accompagné de son épouse, une Vietnamienne aussi menue qu'il était grand, il effectuait alors une mission d'études tibétaines avec ses deux assistants, les MacDonald.

Pendant le repas, les trois tibétologues s'engagèrent dans une conversation animée, en français, mais je devinai que Guéshélags et moi en étions le centre. Pourtant, je ne comprenais rien. J'entendais parler cette langue pour la première fois. Apparemment satisfait de sa discussion avec les MacDonald, monsieur Stein nous pria ensuite de le laisser assister à notre habituelle séance de travail. Il voulait, je le devinai aussi, contrôler ce que lui avaient raconté ses assistants à propos de notre savoir.

Chose curieuse, le texte de la chronique que je lus ce

Les contrées des faces rouges

jour-là comportait un extrait de soutra se rapportant à cette prédiction du Bouddha : « 2 500 ans après mon nirvana, mon enseignement se propagera vers les contrées des faces rouges. »

Monsieur Stein interrompit alors ma lecture et me demanda d'interpréter cette énigme des « faces rouges ». « Il existe plusieurs interprétations, me lançai-je. Pour les uns, il s'agirait de Tibétains et pour d'autres, de Mongols. Mais pour un pandit indien, les " faces rouges " évoquées par le Bouddha correspondraient à des peuples de l'Ouest, à des Occidentaux. »

Dix minutes plus tard, le temps, sans doute, de prendre sa décision, monsieur Stein, dans un tibétain assez malhabile, nous posa cette question stupéfiante :

« Voulez-vous venir me rejoindre en France où vous seriez accueillis dans une belle maison entourée d'un jardin fleuri ? »

Interloqué, je l'interrogeai sur ce qu'il attendait de nous et sa réponse fut laconique :

« Nous travaillerons ensemble. »

Je réfléchis à toute vitesse à cette offre exceptionnelle en me disant que de nombreux lamas, beaucoup plus érudits que moi, se trouvaient déjà en Inde et qu'il serait honnête d'en avertir monsieur Stein.

« Si j'accepte votre proposition, dis-je, vous risquez un jour de le regretter. Réfléchissez-y bien, je ne suis pas un savant mais un simple étudiant qui ne vous sera pas d'un grand secours, alors que de grands savants tibétains, plus compétents que moi et aujourd'hui disponibles, conviendraient mieux. »

Il ne voulut rien savoir :

« Nous avons juste besoin de quelqu'un comme vous. J'en sais maintenant assez sur vos connaissances et votre façon de travailler avec votre ami pour imagi-

Le lama venu du Tibet

ner que tout ira bien. Je pense aussi qu'un lama ou un guéshé plus âgé éprouverait les plus grandes difficultés à apprendre le français, alors que votre jeunesse favorisera au contraire l'apprentissage de notre langue. »

Bref, monsieur Stein se fit si pressant que je me rendis à ses raisons en y mettant certaines conditions :

« Je ne veux pas prendre ma décision de but en blanc. Je dois d'abord apprendre l'anglais et bien sûr solliciter l'avis de Sa Sainteté. Si le dalaï-lama donne son accord, c'est entendu, sinon c'est impossible. »

A l'instar de plusieurs de ses collègues tibétologues, originaires de différents pays occidentaux, par exemple monsieur Tucci, le plus connu, monsieur Stein avait organisé ce voyage en Inde pour recruter des collaborateurs parmi les réfugiés tibétains. Il espérait ainsi combler une grave lacune universitaire commune à tous les pays occidentaux : le manque de professeurs tibétains. La plupart des tibétologues étudiaient jusqu'alors notre civilisation, notre histoire, mais seuls, entre Occidentaux. Ils avaient appris notre langue sans jamais avoir d'échange avec des locuteurs et commettaient nombre d'erreurs de prononciation.

Faute de crédits propres, les responsables des universités de huit pays s'étaient donc adressés à la fondation Rockefeller et avaient obtenu le financement de trente-deux postes de professeurs-assistants de tibétain, durant trois ans : treize aux Etats-Unis, quatre en France et en Angleterre, trois au Japon, deux au Danemark, en Allemagne, en Italie et en Hollande.

Monsieur Stein présenta sa requête à notre sujet au dalaï-lama, par l'intermédiaire de l'ambassade de France à New Delhi et, après un mois d'attente, la réponse du bureau de Sa Sainteté nous parvint :

Les contrées des faces rouges

« L'ambassade de France nous a exposé son souhait de vous inviter à venir en France pour y faire connaître la culture tibétaine et rendre celle-ci plus accessible. Nous approuvons ce projet. Sa Sainteté vous accordera une audience avant votre départ. »

Entre-temps, mon maître bouriate, devenu professeur à l'université de Bénarès, la ville sainte de l'hindouisme, auquel nous faisions part de nos incertitudes, nous avait bousculés :

« N'hésitez pas. Partez tout de suite. Ne restez pas collés ici. Moi, si j'avais reçu ce genre d'invitation, je serais déjà parti. Partez, partez. »

Le ministre Zourkhang, dont l'épouse nous protégeait, lui avait fait écho, avec la même alacrité :

« Il est grand temps de partir, car lorsque les Tibétains émergeront de l'état léthargique dans lequel ils sont abîmés en ce moment, il sera beaucoup plus difficile de saisir de telles occasions. La concurrence deviendra vive. »

Monsieur Stein et l'un de ses collègues de l'université de Seattle, aux USA, cherchaient d'autres collaborateurs et firent appel à nos relations. J'indiquai deux noms au premier, en quête de spécialistes de la peinture tibétaine et de l'épopée de Guésar, dont le héros est une sorte de roi mythique à l'époque du Tibet pré-bouddhique et que les écrivains tibétains ont enrichie de nouvelles aventures au fil des siècles. Au second, intéressé par des personnes connaissant bien la langue parlée à Lhassa, je présentai Nornang Guéshéla, un vieil ami de Dagpo Datsang, une forte tête, réputé pour ses frasques, et l'une de ses parentes. Les uns et les autres furent retenus.

Monsieur Stein souhaitait aussi me voir acquérir des connaissances en astrologie avant notre départ.

Le lama venu du Tibet

Mon futur patron estimait que cela l'aiderait dans ses recherches. Voilà pourquoi Panden Gyaltsen, médecin et astrologue, m'enseigna quelques rudiments de son art pendant une vingtaine de jours. C'était un érudit. Il lisait le sanscrit et avait compté de nombreux lamas parmi ses élèves. Je comprenais le sens de ses exposés, mais l'astrologie demeura, pour moi, confinée au domaine théorique. L'application exigeait, en effet, que l'on se livrât à d'innombrables calculs et je n'en eus pas le temps. Cependant, en guise de « présage », j'établis, avec l'aide du maître, le calendrier d'un mois lunaire avec les calculs afférents, la notation de la position et de la conjonction des planètes et l'indication des jours favorables et défavorables.

Notre départ approchait et, comme prévu, Sa Sainteté, désormais installée à Dharamsala, au nord de Dehli, sur les contreforts de l'Himalaya, nous reçut en audience particulière, Guéshélags et moi, et nous prodigua maints conseils. C'était le 1ᵉʳ juin 1960. Comment ne pas m'en souvenir !

« La France, commença-t-il, est un pays très important, celui de la première révolution. C'est un pays libre, démocratique et doté d'une riche culture dont nous avons beaucoup à apprendre. Vous devez essayer, de votre côté, d'expliquer la tradition tibétaine. Elle en est digne. Or les Français ne nous connaissent pas bien. Profitez de cette occasion pour souligner les différences entre Chinois et Tibétains. Tout est différent : la morphologie, la langue, les coutumes alimentaires, la façon de penser. Oui, notre civilisation est différente, même si nous, Tibétains, avons subi l'influence de la Chine au cours des siècles. Il faut que les Français, grâce à vous, grâce à cette mission auprès des tibétolo-

Les contrées des faces rouges

gues, découvrent la vérité sur la situation réelle du Tibet. »

Puis Sa Sainteté aborda le chapitre religieux :

« Si des Français manifestent de l'intérêt pour le bouddhisme, donnez-leur les explications les plus claires, en vous appuyant surtout sur les grands textes et sans insister sur les côtés purement religieux. Insistez, en choisissant vos citations, sur le raisonnement logique et en commençant par le visible. Le mieux est de vous en tenir, autant que possible, à une approche scientifique. De tous les sujets à traiter, le plus important concerne l'esprit et son mode de fonctionnement. Si vous êtes amenés à parler de la réincarnation, n'hésitez pas à vous référer à l'explication qui en est donnée dans les tantras plutôt que dans les soutras. Elle est plus parlante, plus accessible aux Occidentaux férus de rationalité.

« Présentez-leur ces autres points excellents du bouddhisme que sont les trois instructions concernant l'éthique, la concentration et la sagesse, ainsi que les méditations à propos du calme mental (pour améliorer la stabilité et la clarté de l'esprit) et de la vue supérieure (pour développer l'acuité de la perception). Si vous exposez ces matières correctement, n'importe qui pourra s'y intéresser et en tirer profit.

« Si l'on vous interroge sur la formation de l'univers ou par exemple sur la nécessité de s'abstenir ou non de manger de la viande, lancez-vous dans des explications détaillées. En ce qui concerne l'univers, ne vous contentez pas de la description donnée par l'Abhidharma (notre traité de métaphysique), il en existe beaucoup d'autres. Et s'il s'agit du végétarisme, reportez-vous au vinaya (notre canon monastique) qui n'interdit que deux sortes de viande, puis aux engagements des bodhisattvas[1] qui, eux, prônent l'abstinence de viande dans la mesure où les circonstances le permettent et sans en proscrire formellement la consommation. Expliquez, expliquez sans relâche.

« Commencez toujours par la présentation des textes. Les Occidentaux ont soif d'objectivité. Ils veulent comprendre. A cet égard, les vues philosophiques, cittamatra (une école idéaliste) et madhyamika (la voie du milieu), très réalistes, me paraissent indispensables. Quand vous traiterez de " la vue profonde ", évoquez les trois sphères d'existence (monde du désir, de la forme, du sans forme), mais aussi les karmas, introducteurs ou non à des renaissances, sans oublier les " karmas-mérites " (qui entraînent de bonnes renaissances) et les " karmas-démérites " (qui entraînent des renaissances pénibles). Ces notions éveilleront un écho chez vos auditeurs.

« Pensez enfin, chaque fois que vous serez amenés à parler du bouddhisme, à rappeler ces paroles du Bouddha : " Que vous soyez moines ou laïcs, érudits ou ignorants, n'acceptez jamais de souscrire à une notion pour la simple raison que le Bouddha l'aurait énoncée. Vérifiez toujours par vous-mêmes, utilisez votre sens critique. " Faut-il souligner l'extraordinaire originalité de ces paroles ? On ne trouve rien de semblable dans les autres courants spirituels.

« Quand vous ferez appel aux raisonnements, utilisez principalement la démonstration par la dépendance (qui montre que tout phénomène dépend de divers éléments et qu'il est donc dénué de nature abso-

---

1. Un bodhisattva est un être qui a déjà acquis l'esprit d'éveil d'un bouddha pour être mieux à même de secourir les êtres souffrants.

Les contrées des faces rouges

lue). A propos de l'exposé de la voie spirituelle, le mieux est d'enseigner les deux vérités, conventionnelle et ultime (l'aspect relatif, fonctionnel de tout objet et son aspect ultime, c'est-à-dire le fait qu'il soit dépourvu de nature absolue). Insistez également sur la méthode et la sagesse, et les deux corps des bouddhas résultants[1]. Si vous êtes amenés à parler des tantras, soulignez le caractère essentiel de l'esprit d'éveil ainsi que des six paramitas : perfection, générosité, éthique, patience, enthousiasme, concentration, sagesse. »

Sa Sainteté passa alors à des questions plus personnelles : « Si, lorsque vous serez en France, les circonstances se prêtent au port de vos vêtements religieux, tant mieux. Dans le cas contraire, adaptez-vous. Evitez de heurter, de choquer. Ayez des amis, nouez le maximum de relations. Montrez-vous ouverts et tolérants. Ne soyez pas rétrogrades. Ne vous accrochez pas aux anciennes coutumes en prétendant respecter la tradition. Etudiez la langue, écrite et orale, du pays où vous allez vivre.

« Si l'on vous pose des problèmes trop ardus, transmettez-les-nous par courrier, nous vous aiderons à les résoudre. Ecrivez-nous souvent. Nous serons toujours proches par le cœur. Une relation de maître à disciple nous unit et celle-ci est sans tache. Rien n'est plus important, vous le savez. Songez à invoquer le plus souvent possible les dix déités courroucées

---

[1]. Les deux corps de bouddha sont le dharmakaya (corps de la loi, c'est-à-dire l'esprit et la vacuité) et le roupakaya (corps de la forme, c'est-à-dire l'apparence physique). Les bouddhas « résultants » sont les futurs bouddhas que seront devenus les pratiquants concernés, par comparaison avec les bouddhas causaux : les bouddhas déjà réalisés évoqués par lesdits pratiquants qui les prennent pour guides et modèles...

(symboles de la lutte contre les défauts et les passions) : c'est très efficace pour contrer les interférences. Quand vous vous livrerez à l'étude de la langue française, faites-le avec une motivation bénéfique, pour aider au maintien de l'enseignement du Bouddha et pour accomplir le bien de tous les êtres.

« En conclusion, souvenez-vous des conseils avisés des maîtres kadampas selon lesquels il faut " avoir le regard qui porte loin et la poitrine détendue ", c'est-à-dire qu'il importe de se fixer des objectifs à long terme, de se montrer déterminé mais patient, et de savoir que rien ne sera possible sans un peu de calme et de décontraction. Voilà comment il faut se comporter. »

Sa Sainteté nous remit ensuite l'une de ses photos frappée de son sceau, une photo qui ne m'a jamais quitté. Elle est placée aujourd'hui sur l'autel disposé à la tête de mon lit. Puis il pria Kou-ngo Pala, son chambellan, d'apporter une statuette mais sans préciser laquelle. Constatant alors qu'il s'agissait de la déesse Tara, le dalaï-lama s'exclama avec bonne humeur : « Voilà le signe que votre activité future revêtira une grande ampleur. » Il nous offrit enfin des pilules de bénédiction consacrées et un cordon de protection – avec le nœud béni en son centre. L'audience était terminée. Nous nous rendîmes ensuite auprès des deux tuteurs qui nous prodiguèrent également maints précieux conseils et nous accordèrent leur bénédiction.

Un peu moins de cinq mois nous séparait du jour où nous prendrions l'avion pour Paris. A cette époque, je ne pensais pas du tout à enseigner le bouddhisme en France. Mon idée était simple : remplir mon contrat de trois ans avec les tibétologues, puis revenir en Inde pour terminer mes études et passer mes examens de guéshé.

Les contrées des faces rouges

De la France, j'ignorais tout. Même le nom de Paris n'évoquait rien pour moi. Je n'entendis prononcer ce nom pour la première fois qu'en 1959, par un ami, un ancien haut fonctionnaire qui était allé en France. Nos longues études dans les monastères portaient exclusivement sur le bouddhisme. Nos maîtres ne nous enseignaient même pas l'histoire du Tibet et a fortiori celle des pays occidentaux, pas plus que les sciences.

Le Tibet, c'est vrai, n'avait pas suivi l'évolution du monde et son système d'éducation était resté très en dehors de l'époque contemporaine. Certes, on pouvait étudier la médecine dans certains monastères ou dans des écoles spécialisées, comme le Tchakpori. De même pouvait-on s'initier à la littérature, à la condition en ce cas de trouver un professeur privé. Mais au monastère, seule la philosophie avait droit de cité. Entre camarades, nous ne discutions pratiquement jamais des événements internationaux. Nous vivions, en quelque sorte, hors du monde. Une lourde erreur, à mon avis. Est-ce que cela explique en partie la chute du Tibet dans l'orbite chinoise ? C'est fort probable. Si nous avions ouvert nos portes et nos fenêtres sur le monde, notre pays aurait sans doute bénéficié du concours des grandes puissances et conservé son indépendance, au moins son autonomie. Oui, ce fut une grave erreur. Nous la payons cher. Je pense que nous, les Tibétains, subissons ainsi les funestes résultats de mauvais karmas qui, s'ils sont propres à chacun, se ressemblent tant qu'ils donnent des résultats négatifs nous concernant tous...

Ces idées, faut-il le souligner, ne me trottaient pas encore dans la tête, le 18 octobre 1960, lorsque, Guéshélags à mes côtés, je montai dans l'avion pour Paris. J'avais vingt-sept ans et seulement hâte d'être arrivé.

CHAPITRE XII

Enseignant à la Sorbonne et aux Langues O

Calcutta-Paris en première classe. Assistant de recherche à l'Ecole Pratique des Hautes Etudes. Je collabore à une trentaine de publications universitaires. Vingt petits Tibétains en France grâce au général de Gaulle. Répétiteur aux Langues O de 1963 à 1992. Je rends mes vœux de moine. Je suis toujours lama, toujours Rimpotché. Mai 1968. Les portraits de Mao. Naïveté des intellectuels. Fondation d'un centre bouddhiste. Confession monastique. Mes maîtres me manquent.

En Inde, jusqu'à notre rencontre avec les MacDonald qui avaient fini par nous offrir l'hospitalité, nous dépendions pour vivre de la générosité de nos amis tibétains. Depuis notre exil, nous ne disposions d'aucune ressource. Or, du jour au lendemain, nous étions devenus riches. Avant notre départ pour Paris, le consulat de France à Calcutta, alerté par les tibétologues, nous avait remis trois mois de salaire d'avance. Et la fondation Rockefeller s'était engagée à nous prendre en charge pendant trois ans. Elle nous avait même payé des billets d'avion de première classe! Un luxe totalement inconnu. La nourriture occidentale servie dans l'appareil ne me surprit guère. Je l'avais découverte avec plaisir chez les MacDonald; j'en aimais le goût et aujourd'hui encore, entre celle-ci et la cuisine indienne, je n'hésite pas lorsque j'ai la latitude de choisir. Guéshélags, lui, préfère toujours la cuisine indienne.

Avant de nous quitter, beaucoup plus excités que moi, des amis tibétains m'avaient répété à satiété que j'avais de la chance, que ce voyage en France était fantastique. En fait, je gardais mon calme. Et si je ne savais pas quelle tournure prendrait l'avenir, aucune crainte ne m'habitait. Un travail précis et rémunéré nous attendait dès notre arrivée. Rien qui puisse nous angoisser.

Bien sûr, j'ignorais le français et l'anglais malgré les récentes leçons des MacDonald. L'écriture occidentale, avec ses caractères romains si différents des nôtres, nous demeurait étrangère. Dérivée de l'écriture sanscrite, l'écriture tibétaine est un syllabaire, un système dans lequel chaque signe représente une syllabe. Aussi nous étions-nous préparés à affronter les Parisiens en apprenant par cœur quelques expressions courantes : bonjour, bonsoir, comment allez-vous? etc.

Monsieur Stein, les MacDonald et d'autres tibétologues de l'Ecole Pratique des Hautes Etudes nous accueillirent en grande pompe le 19 octobre, à Orly, en présence de journalistes attirés par l'événement. Quatre Tibétains à l'université – deux de nos futurs collègues nous accompagnaient –, cela ne s'était jamais vu. Il y eut force discours de bienvenue et de remerciement et à mon avis quelques malentendus. Monsieur MacDonald traduisait en effet nos propos sans, je crois, en saisir toujours le sens. Il est vrai que, sortis du Tibet depuis un peu plus d'un an seulement, nous nous exprimions encore à l'ancienne, de manière très académique.

Les MacDonald nous accueillirent chez eux, dans leur maison de Châteaufort, non loin de Versailles, et environ une semaine après, nous prenions la route de Paris, dans la voiture de nos hôtes, pour un premier rendez-vous avec nos futurs étudiants. Monsieur Stein nous présenta, expliqua notre qualité d'assistants de recherche et organisa notre travail. J'étais chargé de lire à haute voix les textes tibétains en cours d'étude en insistant sur la bonne prononciation et d'éclaircir les passages difficiles. Jusqu'à notre arrivée, certains tibétologues se contentaient en effet de prononcer le tibétain comme il s'écrit, sans négliger une partie des lettres, ainsi qu'il convient de faire. Pour un Tibétain, c'était incompréhensible. Et au début – je ne parlais pas français – je ne comprenais pas grand-chose à ce qui se passait.

Peu à peu, je m'accoutumai au dialogue avec les étudiants et les tibétologues. Les premiers me questionnaient à propos des textes et me demandaient de leur apprendre le tibétain. Mais comment m'y prendre? Je ne savais pas enseigner les langues. Je lisais des mots puis les faisais répéter, point. Les seconds, qui écrivaient des articles, rédigeaient des thèses ou préparaient des livres, m'associèrent très vite à leurs travaux. Je fus ainsi invité à collaborer à une trentaine de publications universitaires, des biographies, un guide des sites sacrés du Népal, un ouvrage de monsieur Stein sur la civilisation tibétaine, une thèse de monsieur Ruegg – qui obtiendra un jour une chaire aux Pays-Bas – sur le tathagatagarbha, un traité sur la faculté que possèdent tous les êtres de devenir bouddha, etc. Je participais aux recherches en consultant des ouvrages historiques, par exemple les biographies des cinquième et sixième dalaï-lamas, des contes, des chroniques royales ou religieuses et je donnai quelques explications sur la philosophie bouddhiste à monsieur Ruegg. J'établis aussi un catalogue des ouvrages tibétains de la bibliothèque nationale et de la collection Migot du musée Guimet. Guéshélags, de son côté, donnait chaque semaine des cours de tibétain à des passionnés de notre culture : madame Blondeau, futur professeur aux Langues O, madame Ortoli et mademoiselle Martin du Gard.

Je profitais de mes longues périodes de travail avec monsieur Stein pour apprendre le français. Après avoir lu un texte tibétain, je lui posais de multiples questions sur le sens des mots, mais ses réponses – ceci est un adjectif, ceci est un adverbe, etc – restaient pour moi autant d'énigmes.

L'Alliance française où je tentai ma chance ne me fut pas non plus d'un grand secours au début. La plupart des étudiants provenaient de Grande-Bretagne, d'Espagne, d'Allemagne... Comme les professeurs, ils écrivaient les mots français au tableau et les effaçaient presque aussitôt. Or, j'étais incapable d'écrire ou de lire le français. Je me résolus donc à apprendre par cœur le maximum de mots et de phrases en profitant de toutes les occasions. Pendant les repas, Guéshélags et moi écoutions les amis français des MacDonald, puis écrivions phonétiquement chaque mot nouveau sonnant à nos oreilles. Et le soir, après le dîner, nous regardions les mots et les mémorisions ensemble à haute voix. Au bout de deux ou trois mois, nous commencions à nous débrouiller en français.

A la Sorbonne, dans le métro où je sus vite m'orienter, ou dans les cafés, nos vêtements religieux

Enseignant à la Sorbonne et aux Langues O

ne suscitaient aucune hostilité mais un grand étonnement et une vive curiosité. Les regards se posaient souvent sur nous, cherchant à deviner de quelle planète nous débarquions. Hélas! les conversations, au début, s'arrêtaient net, bloquées par la barrière de la langue.

Le métro, dans les années soixante, ne présentait aucun risque, même la nuit, alors qu'aujourd'hui, passé une certaine heure, la sécurité s'avère parfois bien aléatoire. La France sortait alors de la guerre et prospérait. Les gens paraissaient beaucoup plus heureux que maintenant. Le chômage ne les angoissait pas. Et le carnet de métro coûtait 3,40 francs!

Je ne me sentais à l'aise ni dans le métro ni dans la voiture de monsieur MacDonald qui nous conduisait la plupart du temps à la Sorbonne. J'étais pris de nausées et de vomissements; parfois je suffoquais. Habitué à vivre en altitude, mon organisme réagissait mal. Heureusement, des amis nous dénichèrent un logement à Paris, à proximité de la Sorbonne. Guéshélags et moi quittâmes Châteaufort.

Nous ne recevions aucune nouvelle du Tibet et je me refusais à tenter de correspondre avec ma famille comme le faisaient certains. Je craignais de lui attirer des ennuis. Hermétiquement closes, les frontières ne devaient s'ouvrir qu'à partir de 1980 environ, et j'attendrais l'année 1987 avant de les franchir à nouveau. Nous pensions sans cesse à notre pays et nous nous interrogions sur son avenir et celui de nos proches, mais nous n'éprouvions aucune nostalgie, au contraire. La situation dramatique des Tibétains et en particulier des moines nous en dissuadait. Nous en savions assez pour ne pas regretter notre choix et nous préférions concentrer nos efforts sur un projet qui

Le lama venu du Tibet

nous était cher : accueillir en France des enfants tibétains pour leur permettre de suivre des études.

Consulté par écrit, Sa Sainteté nous fit donner sa réponse par le gouvernement tibétain en exil. Elle était positive et on me demandait « d'accélérer le cours des choses » et de me préparer à « servir de professeur de religion » aux enfants lorsqu'ils seraient en France.

L'amiral Ortoli, dont l'épouse s'intéressait de près à la tibétologie, nous accorda son appui et intervint, comme promis, avec efficacité auprès du général de Gaulle, avec lequel il entretenait des relations amicales. Vingt enfants accompagnés par un couple de Tibétains, monsieur et madame Norgyé, arrivèrent finalement en France en 1964. Devenus adultes, tous réussirent, en France ou en Suisse.

Trois ans déjà. Mon contrat avec l'Ecole Pratique des Hautes Etudes et la fondation Rockefeller venait à échéance. Je n'eus pourtant aucun souci à me faire. Deux propositions me permirent d'envisager l'avenir avec confiance. La première émanait de monsieur Filliozat, un indianiste, qui souhaitait me voir collaborer à ses travaux de recherche dans le cadre de l'Ecole française d'Extrême-Orient. Je dus la seconde à monsieur Stein. Le président de l'Institut National des Langues et Civilisations Orientales (INALCO), les Langues O, lui avait confié la tâche d'y créer une section de tibétain. Il recherchait un répétiteur appelé à devenir assistant. Il m'offrit le poste.

Que choisir ? Je m'en ouvris par lettre à Sa Sainteté et à mes maîtres, ses deux tuteurs, et j'optai pour les Langues O où je débutai en octobre 1963. J'y enseignerais jusqu'à ma retraite, en 1992.

C'est alors que je pris la décision de rendre mes

vœux de moine. Jusqu'à mon entrée aux Langues O, je portais ma robe couleur bordeaux sans provoquer trop de questions. A la Sorbonne, mon travail avec les tibétologues se déroulait dans les limites d'un cadre étroit et privé. Je compris vite qu'aux Langues O, je serais appelé à paraître constamment en public. Lors de mon premier rendez-vous avec le secrétaire général de l'Institut où je me rendis en robe de religieux, j'avais perçu la stupéfaction de mon interlocuteur et des étudiants croisés dans les couloirs. A part un moine cinghalais en robe jaune, les Français, sauf exception, n'avaient jamais vu de moines bouddhistes.

Rien ne s'opposait à ma décision. Le Bouddha l'a dit expressément dans son texte destiné aux religieux : « Dès le moment où vous ne pouvez pas bien respecter vos vœux, la meilleure solution consiste à les rendre. Mais, attention, ne les brisez pas. Si vous les rendez, vous pourrez les reprendre ; si vous les brisez, vous ne le pourrez plus dans cette vie. »

Comment brise-t-on ses vœux ? Notre canon monastique relève quatre causes de rupture automatique : tuer un être humain ; entretenir une relation sexuelle complète avec une femme ou user de la bouche ou de l'anus d'un homme ou d'une femme ; voler un objet même d'une faible valeur marchande ; énoncer certains mensonges, par exemple prétendre à tort avoir réalisé telle ou telle qualité ou avoir eu une vision du Bouddha. Le moine qui commet l'une de ces quatre fautes brise ses vœux pour toute cette vie.

Certes, même en travaillant à l'INALCO, fourmillant d'étudiants, je pouvais éviter d'avoir des relations sexuelles, mais comment respecter certains autres vœux ? La règle interdit à un moine de toucher une femme, y compris de lui serrer la main, de passer une nuit dans une maison avec une femme sans la présence d'une autre personne, de s'alimenter l'après-midi et le soir, etc. Quantité de détails réglementaires rythment ainsi la vie quotidienne. Faciles à observer dans un monastère, ils rendent la vie impossible dans un milieu laïque.

J'aurais pu rester moine, bien entendu, sans respecter scrupuleusement tous les vœux secondaires. Guéshélags est toujours moine. Il est libre. Je pense pour ma part qu'un moine doit respecter les 253 vœux.

Sa Sainteté, consultée, me répondit qu'elle-même, étant donné ses charges, réfléchissait à cette question et qu'elle en arrivait à la même conclusion. Mieux vaut rendre ses vœux que de ne pas être un moine à part entière. Le dalaï-lama – il est lui-même un très bon moine – me laissa donc libre : « Vous êtes adulte... Relisez la parole du Bouddha à ce sujet. Réfléchissez et débrouillez-vous. »

Au Tibet, c'était une pratique assez courante. Par exemple, les moines rendaient leurs vœux lorsqu'une guerre éclatait puisqu'il est défendu de tuer, et les reprenaient la paix revenue. Il est vrai que les gens simples, peu au fait de nos règles complexes, désapprouvaient ce qu'ils considéraient comme une facilité ou une trahison.

Pour moi, réflexion faite, même si je fus critiqué en Inde dans certains milieux tibétains, la décision ne fut pas difficile à prendre. Je ne suis donc plus moine. Je suis toujours lama, toujours Rimpotché. Le Bouddha a tout prévu : je peux donner des initiations et des transmissions, mais il ne m'est pas permis d'ordonner un moine ou une nonne. Je peux me marier et avoir des enfants, mais comment trouverais-je le temps de m'en occuper ? De toute façon, si je désirais un enfant, je l'adopterais. Il y a tant d'enfants qui souffrent dans le monde !

Mes débuts aux Langues O ne me laissent pas que de bons souvenirs. Certes, j'entretenais des rapports amicaux avec mes étudiants, tous très gentils, des adultes exercés à l'apprentissage des langues étrangères. Ils étudiaient le tibétain soit par curiosité personnelle soit dans l'espoir d'obtenir un diplôme puis un poste dans une ambassade en Asie, un musée, une bibliothèque, un organisme de recherche... J'eus pour étudiants de futurs tibétologues et la plupart des interprètes attachés aujourd'hui aux centres bouddhistes créés en France et notamment mes propres interprètes, Marie-Stella Boussemart et Rosemary Patton. J'enseigne toujours en tibétain. M'exprimer en français ou en anglais m'obligerait à concentrer une partie de mon esprit sur la linguistique au détriment de ma propre réflexion.

En 1963, mes étudiants se comptaient sur les doigts des deux mains mais leur nombre atteignait la cinquantaine à la fin de ma carrière, en 1992. Ce fut, m'assura-t-on, un grand succès. Au début, tous ignoraient ma situation religieuse. Ils posaient beaucoup de questions sur le bouddhisme – les livres sur le sujet demeuraient rares – et ils méconnaissaient, comme l'ensemble des Français, la tragédie du Tibet. A mon grand étonnement, ils admiraient Mao.

Pourtant, le métier de répétiteur ne m'a guère intéressé pendant les premières années. Je ne l'aimais pas parce que je ne savais pas comment l'exercer. Au Tibet, à Dagpo Datsang, j'avais bien été professeur de philosophie, mais nos méthodes ne ressemblaient en rien à celles des Langues O où le professeur donnait une leçon de grammaire, après quoi le répétiteur provoquait une conversation entre étudiants, enseignait la construction des phrases, et faisait un cours pratique d'écriture. Ces séances m'ennuyèrent passablement jusqu'au jour où je rencontrai à Oxford, dans une famille anglaise où j'étais accueilli durant les vacances pour me familiariser avec la langue, un professeur très peu « british », plutôt de type méditerranéen, mal habillé, aimant la bière, mais lumineux dès qu'il s'adressait à ses étudiants. Le latin, le grec, le français, la littérature n'avaient aucun secret pour lui. Il jonglait avec les mots et les phrases. Il passionnait ses auditeurs. Rentré à Paris, je m'inspirai de son exemple et je constatai à ma grande joie que les étudiants profitaient mieux de mes cours et paraissaient plus heureux. Je fus rassuré : mon travail en valait la peine.

Ma vie à Paris prenait un tour routinier. Mes cours terminés, je rentrais sans m'attarder chez notre logeuse madame Claude Karnet, pressé de retrouver mes livres. Je continuais à étudier le bouddhisme, à pousser ma réflexion et à faire mes pratiques chaque matin durant une heure ou plus : méditations, récitations de mantras, de soutras... Je ne me liais guère avec mes collègues des Langues O et persistais dans mon refus de révéler ma qualité de lama.

Il s'en fallut alors de très peu que je ne bifurque vers une carrière diplomatique! A dire vrai, je fis tout pour y échapper. En 1964, la Suisse accueillit le tout premier représentant de Sa Sainteté le dalaï-lama, monsieur Pala. Gyalo Deundoup, un frère cadet de notre souverain, arriva donc en Europe afin de régler l'affaire dans ses moindres détails, et il me fit parvenir une convocation. Il se trouvait que j'étais justement de passage en Suisse. Je me m'attendais certes pas à ce

Enseignant à la Sorbonne et aux Langues O

qu'il m'annonça sans ambages : « Sa Sainteté attend de vous que vous secondiez activement monsieur Pala. » « Mais c'est impossible, objectai-je aussitôt, je n'ai pas les connaissances ni les compétences nécessaires pour ce genre de fonction. Je parle à peine français. Quant à l'anglais... »

Mais Gyalo Deundoup insista : « J'ai mission de faire de vous le bras droit de monsieur Pala, je ne suis pas habilité à accepter un refus de votre part. » Il ne me restait plus qu'à me rendre en Inde et à y solliciter une audience. Heureusement, le dalaï-lama se montra beaucoup plus compréhensif que son cadet, et me rendit ma liberté, à mon grand soulagement...

Survint mai 1968. Aux Langues O, ces événements firent date. Un beau matin, deux jeunes gens entrèrent dans ma classe et me prièrent poliment de cesser mon cours. Un important groupe de jeunes, étrangers à l'établissement, occupait les lieux. Ils nous empêchèrent d'enseigner — peu s'en souviennent — pendant toute une année!

Malgré les explications de notre logeuse qui travaillait à la Maison de la Radio, Guéshélags et moi étions perplexes. Les drapeaux rouges, les portraits de Mao accrochés à la Sorbonne et un peu partout nous inquiétaient et nous rappelaient l'occupation du Tibet par les troupes chinoises. Nous nous souvenions de la propagande de Pékin affirmant que l'invincible armée populaire occuperait un jour l'Inde et irait même jusqu'à Chicago. Nous, Tibétains, connaissions très bien le système communiste, et en écoutant et en lisant les discours et les articles des intellectuels français, je pensais aux réalités vécues de l'ordre communiste, fossoyeur d'une civilisation ancienne. Ces intellectuels, à mon avis, vivaient dans les nuages. Ils n'ignoraient rien de la théorie communiste mais tout de la pratique. Quelle naïveté !

Je n'ai donc pas travaillé pendant presque un an, tout en étant payé ! Il faut aussi le reconnaître, mai 68 eut un effet positif sur les Langues O. Notre institut, trop à l'étroit rue de Lille, obtint des locaux supplémentaires beaucoup plus vastes, à Dauphine, où je retrouvai mes étudiants.

Si personnellement je me réfugiais, comme je l'ai déjà expliqué, dans l'anonymat en pensant que je devais me limiter à mes études bouddhiques, j'étais parfaitement conscient de la situation désastreuse du Tibet, la plus catastrophique de son histoire. Aussi, déjà en 1963, avais-je eu l'idée de fonder en France un centre religieux pour y assurer la pérennité de l'enseignement du Bouddha menacé par l'anéantissement de la culture et de la religion au Tibet. Avec mesdames Claude Karnet et Yvonne Laurence – future nonne bouddhiste –, nous avions collecté des fonds auprès de sympathisants, acheté une maison dans l'Yonne, à La Chapelle-Vieille-Forêt, et, avec l'accord de Sa Sainteté, j'avais invité quatre religieux résidant en Inde à nous rejoindre pour assurer le fonctionnement du centre. Notre professeur, Rimpotché Ngawang Lékdén (1899-1971), ancien abbé du collège tantrique de Gyumed, se trouvait à leur tête. Il était accompagné de deux autres moines de Gomang Datsang : notre ami Yonten Gyatso, aujourd'hui historien et philosophe travaillant au Collège de France, et le jeune Ngawang Dakpa, marié à présent à l'une de mes cousines, dont il a eu trois filles. Il enseigne aux Langues O, fait des recherches à l'Ecole Française d'Extrême-Orient et a ouvert des magasins et restaurants tibétains. Le quatrième était un jeune lama de

Séra Med Datsang – Jam-yang Meulam, conseillé par Pabongkha Rimpotché... Ils arrivèrent à Paris le 18 novembre 1969 et, après l'inauguration du centre, Guéshélags demeura dans l'Yonne pour assurer la liaison avec l'environnement français.

Leur programme ? Récitation des textes sacrés et pratiques personnelles matin et soir ; mémorisation de textes ; organisation deux fois par mois de cérémonies de confessions monastiques (au cours desquelles les moines récapitulent leurs vœux et vérifient s'ils les ont ou non respectés, puis regrettent les fautes éventuelles en leur for intérieur) ; célébration des grandes fêtes bouddhistes ; réponse aux questions des Occidentaux s'intéressant à notre religion et... étude du français.

Cette tentative se solda cependant par un échec. Le bouddhisme ne touchait alors qu'un cercle restreint. Le dalaï-lama ne voyageait pas encore en France et n'intéressait pas les médias. Et mis à part *Message des Tibétains* d'Arnaud Desjardins, un film sur différents maîtres tibétains, les récits d'Alexandra David-Néel et *le Troisième Œil* de Lopsang Rampa, aucun document n'éveillait l'attention du public. Manifestement, le moment n'était pas venu de fonder un centre bouddhiste en France. J'en conclus aussi que je n'avais pas accumulé assez de mérites pour que ce projet aboutisse.

Dès cette époque, je fus de plus en plus souvent sollicité par la communauté kalmouke, d'origine mongole, avec laquelle nous entretenions des relations étroites depuis 1961 pour célébrer les rituels qui accompagnent la mort, et les fêtes importantes : nouvel an, Vésak (la grande fête du Bouddha), etc.

Nos amis kalmouks étaient arrivés en deux vagues successives, après la révolution bolchevique de 1917 et pendant la Seconde Guerre mondiale. Les plus riches poursuivirent le voyage jusqu'aux Etats-Unis et les plus pauvres restèrent en Europe, 200 en Allemagne, 500 en France, chaque groupe comportant quelques religieux bouddhistes. Les Kalmouks d'Allemagne fondèrent une association et firent construire un temple. Aux USA, ils se regroupèrent dans le New Jersey. En France, ils furent dispersés, à Couëron dans la Loire-Atlantique, à Montargis, à Maisons-Alfort, etc.

Les anciens rêvèrent toujours de repartir. Ils vécurent toute leur vie avec une valise prête au cas où... Ils ne parlaient pas le français et travaillaient sans discontinuer. A l'époque, on ne parlait pas de congés payés. Malgré leurs énormes difficultés, ils réussirent à envoyer leurs enfants à l'école et à leur donner une double culture, la française, et la mongole, pour les racines. La deuxième génération parlait donc mongol, tandis que la troisième connaît essentiellement la culture française. Il est vrai qu'entre-temps, les religieux qui accompagnaient leur exil avaient vieilli ou étaient morts.

C'est alors que les Kalmouks firent appel à nous pour les célébrations. Par tradition, ils sont généreux. Ils font beaucoup d'offrandes, que nous destinons à Gomang, le collège tibétain qui accueille les Mongols en Inde.

En 1967, mon maître Kyabjé Trijang Dordjétchang, le second tuteur de Sa Sainteté, était venu en Suisse pour y subir des examens médicaux, et il eut la bonté d'accepter notre invitation en France. A La Chapelle-Vieille-Forêt, il nous exposa le début du « Grand lamrim » et l'intégralité du « Fondement de toutes les qualités » de Djé Tsongkhapa. A la fin de son enseignement, il descendit de son trône et ne put retrouver ses chaussures. Celles-ci furent découvertes... sur le trône, à notre grande joie. En bons Tibétains, nous déduisîmes de ce signe que le maître reviendrait en France – ce qui se produisit en effet – et qu'il resterait notre bienveillant maître tout au long de nos vies.

Cette même année 1967, monsieur Ruegg obtint une chaire de professeur à Leiden, en Hollande. Comme il avait besoin d'un collaborateur compétent, nous l'adressâmes à notre maître mongol Guéshé Ngawang Nyima, qui accepta le poste et l'occupa de 1967 à 1972. Il prendra sa « retraite » en Suisse, jusqu'à ce que le dalaï-lama lui demande de devenir abbé du nouveau Gomang Datsang. Il retournera donc en Inde en 1978 pour assumer cette charge, puis en 1987 et s'y fixera.

Durant l'été 1967, j'ai voyagé aux Etats-Unis et je suis allé voir Guéshé Wangyel, un érudit mongol ami intime de notre professeur Ngawang Lékdén, qu'il souhaitait faire venir dans sa nouvelle patrie. Souhait réalisé quelques mois plus tard à la grande joie des deux amis.

Heureusement pour nous, c'est en 68 que le monastère tibétain de Rikon en Suisse fut inauguré par les deux tuteurs. Nous les invitâmes tous deux en France, leur proposant de s'y faire suivre médicalement. « Nous recevoir tous les deux serait trop lourd pour vous, nous répondit Kyabdjé Trijang Dordjétchang. Il est préférable que l'un de nous deux reste en Suisse. » Et il fit une divination qui indiqua qu'il était préférable que ce fût Kyabdjé Ling Dordjétchang qui vînt à Paris. Il y resta du 6 janvier au 7 septembre 1969.

J'eus ainsi l'opportunité de le servir, de le mieux connaître et ses qualités m'apparurent de plus en plus évidentes. Une certitude s'imposa à mon esprit : c'était un bouddha. Seul un bouddha, pensais-je, était capable de donner des enseignements très compliqués, très tantriques avec une aussi extraordinaire aisance et une totale clarté.

Durant son séjour, il nous enseigna les cinq premiers chapitres d'un traité de grammaire sanscrite. Et, fin août, Kyabdjé Trijang Dordjétchang vint nous rejoindre, car les deux tuteurs allaient regagner l'Inde ensemble. Comment décrire notre joie et notre émotion ?

Malgré de fréquentes sollicitations, je ne souhaitais toujours pas parler du bouddhisme à mes étudiants. Je me contentais d'expliquer les traditions et l'histoire du Tibet en refusant d'aborder les questions religieuses. En fait, j'aspirais à recevoir encore et encore des enseignements de mes maîtres. Or ces derniers résidaient en Inde, Sa Sainteté, les deux tuteurs et d'autres. Ils me manquaient. Ils me manquaient à ce point que je pris un congé sans solde d'un an pour les rejoindre et accomplir divers pèlerinages sur la terre natale du Bouddha.

CHAPITRE XIII

Sa Sainteté m'incite à enseigner les paroles du Bouddha, un véritable trésor

Mon maître rêve de la mère du dalaï-lama. Enseignement d'un traité ancien d'orthographe. Ma foi en le bouddha Tara. Etape à Bénarès. Découverte et copie d'une œuvre rare. Transmission directe par le second tuteur de Sa Sainteté. Renaissance de Dagpo Datsang. De Bombay à Venise par le cap de Bonne-Espérance. Une maison à L'Haÿ-les-Roses. Je compose des poésies. Mon rôle en France. Bizarreries des centres bouddhistes aux USA. Partager les paroles du Bouddha avec autrui.

J'arrivai en Inde en avril 1970 et me dirigeai sans tergiverser vers Dharamsala où Sa Sainteté le dalaï-lama donnait pour la première fois un enseignement sur le grand commentaire du système tantrique de Djé Tsongkhapa. Puis, à partir du 24 juillet, le second tuteur accéda à ma requête et conféra l'initiation du bouddha Vajrayogini aux trois disciples privilégiés que nous étions, Serkong Tsénshap Rimpotché (assistant de philosophie de Sa Sainteté), Kou-ngo (l'assistant du maître) et moi-même; après quoi, pendant une semaine, il nous enseigna la méditation corrélative. Il nous avait prevenus qu'âgé et fatigué, il préférait nous transmettre ses instructions d'une manière informelle. Après l'enseignement proprement dit, il nous entraînait dans des conversations à bâtons rompus et nous invitait à partager son repas de midi. La veille de l'enseignement, il nous raconta qu'il avait vu en rêve la mère de Sa Sainteté, couverte de bijoux, s'avancer vers lui, le visage rouge, et l'embrasser. « Voilà un excellent présage, me dit-il. Il peut signifier que vous aurez une intense activité en référence à Vajrayogini. » Avouons-le, pour le moment, cela ne s'est pas réalisé !

En septembre, à l'intention de huit disciples dont moi-même, Kyabjé Trijang Dordjétchang exposa pour la première fois ses « Annotations sur le lam-rim moyen. » Il apportait des modifications à ce commentaire tout en l'enseignant, si bien que Kyabdjé Ling Dordjétchang – le premier tuteur – m'avait confié son exemplaire personnel pour que j'y porte au fur et à mesure les corrections et ajouts.

Ce même automne, le premier tuteur consacra dix-huit grandes journées à nous enseigner – nous étions deux seulement, l'assistant de philosophie de Sa Sainteté et moi, ce qui représente une chance incommensurable – deux traités, l'un sur le stade de production et l'autre sur le stade d'achèvement[1].

Je me souviens avec bonheur de l'ambiance détendue de ces journées. Mon maître se plaisait à lancer des débats et s'y montrait redoutable. En trois questions, il amenait son interlocuteur à se contredire. Il enseignait le matin et l'après-midi et nous déjeunions tous les trois ensemble. Il aimait plaisanter et rire. Je me souviens encore qu'il pouffa de rire en entendant le

---

1. Voir note page 117.

Sa Sainteté m'incite à enseigner...

pauvre filet de voix de mon condisciple s'efforçant de chanter une mélodie durant la traditionnelle « offrande au maître » qui clôt un enseignement. Mon condisciple me donnait des coups de coude pour m'encourager à l'accompagner. Mais j'en étais bien incapable. Venant d'un autre monastère que le sien, je ne connaissais pas cette mélodie et je ne pouvais réprimer un fou rire à la grande joie de mon maître.

Sur les conseils du premier tuteur, auquel j'avais demandé un enseignement sur un traité ancien d'orthographe, je me rendis alors à Bodhgaya – là même où le Bouddha atteignit l'éveil – chez Kounou Lama Rimpotché, un maître extraordinaire originaire de la région de Kounou en Inde, fin connaisseur des traditions tibétaines. Je logeai dans un monastère tibétain et suivis ses cours de grammaire durant deux mois. Grâce à lui, je fis de sensibles progrès. Je profitai aussi de la venue du second tuteur à Bodhgaya pour assister pendant environ un mois, avec de nombreux auditeurs, à son premier exposé du « Grand Lam-rim » de Djé Tsongkhapa.

Entre deux enseignements, j'accomplis un pèlerinage au temple de la ville et au sanctuaire du Kangyour (la collection des paroles du Bouddha) et je conserve le souvenir d'avoir ressenti une joie intense à la vue d'une statue de Tara dressée sur l'autel. Je la contemplai longtemps. J'avais foi en Tara et il me semblait qu'elle allait me parler. Le soir, je fus incapable de m'endormir. Dès que je commençais à somnoler, je me réveillais avec son image devant les yeux. Je finis par me lever et je composai une « louange à Tara ».

Après un pèlerinage de dix jours au Népal, je regagnai Dharamsala où Sa Sainteté donnait encore un enseignement, mais je préférai prendre un « congé » et me pencher à nouveau sur le traité ancien d'orthographe en écoutant les explications d'un éminent érudit. Barshi Yabtchén, un laïc, était astrologue mais aussi professeur à l'école de médecine, amateur de poésie, spécialiste du sanscrit et de la grammaire tibétaine. Il ne consultait jamais les textes, il enseignait tout de mémoire!

Avant de gagner Bodhgaya, j'avais fait étape à Bénarès et dormi dans un temple chinois gardé par un moine de Drépoung Gomang, mon ancienne université monastique. J'y découvris, en furetant, un épais manuscrit contenant sept chapitres du tantra de Vajrabhaïrava, annoté par le premier Jam-yang Chépa. Une œuvre rare et ô combien précieuse! Les œuvres de Jam-yang Chépa n'avaient pas encore été réimprimées en Inde. J'obtins la permission d'emporter l'ouvrage à Bodhgaya pour le recopier, mais quand je fis part de ma découverte au premier tuteur, celui-ci proposa d'en faire faire une copie par un lama, Gomo Rimpotché, connu, entre autres, pour sa belle écriture.

L'original et la copie nous furent restitués plus tard à Dharamsala et je passai de longues heures dans la bibliothèque à vérifier et à corriger la copie. J'étais déjà bien avancé lorsqu'un jour, après le déjeuner, le premier tuteur, s'étant installé comme à son habitude dans la véranda de sa résidence pour se reposer, me proposa de lire lui-même le texte tandis que je suivrais sur la copie en repérant les erreurs éventuelles : « De la sorte, précisa-t-il, vous en aurez obtenu la transmission et cela aura aussi valeur d'explication. » J'étais ravi. Recevoir une telle transmission, sans l'avoir demandée, de celui que nous considérions comme

Sa Sainteté m'incite à enseigner...

l'incarnation du grand traducteur Ra Lotsawa (XIe et XIIe siècles) c'est-à-dire de Vajrabhaïrava lui-même, représentait une chance exceptionnelle. Vajrabhaïrava n'est-il pas Manjoushri, bouddha de la sagesse se montrant sous un aspect courroucé !

La copie s'avéra quasi parfaite et avant de l'emporter, j'écrivis sur le dos de la couverture une petite poésie en quatre vers de ma composition exprimant « ma chance d'avoir reçu de Vajrabhaïrava la transmission spontanée de son tantra ». Depuis ce jour, ce livre ne m'a jamais quitté.

En mai de cette même année 1970, je visitai Bomdila, en Assam, où les moines de Dagpo Datsang, qui s'y étaient regroupés, s'efforçaient de faire revivre le monastère après le cataclysme chinois. Mais comment le développer ? Comment le financer ? Les responsables me demandèrent des avis et de l'aide. Grâce à des dons reçus en France, je laissai un modeste capital – j'y reviendrai – et je composai une prière pour le renouveau du monastère au dos d'une photo de Dagpo Lama Rimpotché, mon prédécesseur tant vénéré à Dagpo Datsang. Lors de ce séjour, je donnai aussi quelques initiations et enseignements à une importante assemblée de moines et de laïcs.

La fin de mon congé approchant, j'allai saluer Sa Sainteté et ses deux tuteurs. Kyabjé Ling Dordjétchang m'offrit les œuvres complètes d'Akou Sherabgyatso et, comme je lui faisais part de mon projet d'acheter une maison en banlieue parisienne, il me conseilla avec précision : « N'achetez pas une maison luxueuse ni un taudis, portez votre choix sur une maison pratique et très claire. »

Chargé de lourds colis de livres et d'affaires diverses, je décidai de prendre le bateau à Bombay.

Le lama venu du Tibet

Quelle idée avais-je eue! Je fus en proie au mal de mer pendant presque toute la traversée. La première semaine, je la passai au lit, sans rien pouvoir avaler de solide ni même de liquide. Ensuite, cela alla à peu près, à condition de ne pas écrire, et de ne pas trop lire. Et pour tout arranger, il fallut que notre chambrée – nous partagions une cabine à quatre – soit primée lors d'un concours de chapeaux. Mes compagnons me confectionnèrent un chapeau de Zorro, qui fut apprécié du jury. Mais voilà, ce soir-là, les lauréats furent appelés sur scène. On nous remit des cadeaux : une bouteille de champagne, une cravate (que j'ai encore dans un coin de mon armoire), puis on nous convia à danser avec la personne qui se trouvait devant chacun d'entre nous. La malheureuse Allemande dont j'écrasai les pieds ce soir-là se montra furieuse : « Vous ne savez pas danser! me lança-t-elle. Vous ne savez pas tenir votre partenaire... » La musique s'arrêta enfin, et je m'enfuis en prétextant une nausée. Ce fut la première et la dernière fois que je dansai...

Toujours est-il que, trente jours après, je débarquai à Venise après avoir fait le grand tour par le cap de Bonne-Espérance, le canal de Suez étant alors fermé. Et je repris le chemin des Langues O. En 1971, j'achetai une maison avenue Flouquet à L'Haÿ-les-Roses. En février, j'y emménageai avec Guéshélags. Nous allions y recevoir au fil des années bien des amis, tibétains ou non, et la plupart des lamas qui commençaient à venir enseigner en Occident nous firent le plaisir de nous y rendre visite : le maître kagyupa Kalou Rimpotché, et bien d'autres.

En 1972, je passai une partie des vacances d'été en Ecosse chez un lama également de l'école kagyupa,

Sa Sainteté m'incite à enseigner...

propriétaire d'une magnifique bibliothèque où je puisais avec avidité, m'intéressant surtout à un manuscrit fort rare, la biographie secrète de Taranatha, un maître du XVe siècle, à la fois philosophe et historien. En Ecosse – une tradition tibétaine –, je composai un poème sur la région et ses paysages, un « Hommage aux maîtres », une poésie en vingt vers sur l'impermanence et la vanité du monde, un dialogue poétique en quatorze vers entre moi-même et la montagne que j'apercevais par la fenêtre de ma chambre, et une exhortation à ma propre pratique en seize vers.

L'été suivant, lors d'un séjour linguistique à Brighton, j'écrivis un poème en huit vers à la gloire de Thonmi Sambhota, l'architecte de l'écriture tibétaine au VIIe siècle, et de vingt et un traducteurs tibétains, je composai aussi une louange à la mémoire des sept grands fondateurs du bouddhisme au Tibet : Padma Sambhava, Shantarakshita, Atisha, Djé Tsongkhapa, Marpa, Milarépa, Sakya Pandita.

A chaque fois que je retrouvais Sa Sainteté, par exemple en Suisse au cours de l'été 73, ou les deux tuteurs, la conversation venait immanquablement mais de façon détournée sur mon rôle en France. Rien de direct ni d'autoritaire. Non. Mais des allusions toujours délicates à l'enseignement qu'il serait souhaitable de donner aux Français désireux de découvrir le bouddhisme. Certes, les tuteurs ne m'enjoignaient pas d'enseigner. Mais ils le suggéraient en douceur. Et Sa Sainteté finit un jour par se montrer plus direct : « Il serait utile que vous donniez des enseignements à autrui dans la mesure de vos capacités. » Un conseil qui résonna à mes oreilles comme un ordre et pesa sur mes épaules comme une charge. Je me défendis encore en citant un proverbe tibétain selon lequel « d'un pot vide rien ne peut être versé dans un autre récipient vide ». Pourquoi cette réticence ? A l'époque, je ne m'imaginais pas capable d'accomplir mon propre bien et par conséquent je ne comprenais pas comment j'aurais pu accomplir celui d'autrui. J'avais étudié un peu, et guère pratiqué. Je n'avais rien à offrir et je ne voulais pas tromper les autres. Le mieux pour moi consistait donc à demeurer dans l'anonymat, à poursuivre l'étude des textes sacrés, sans laisser décliner mon intérêt pour ce travail : c'était l'essentiel à mes yeux.

Sa Sainteté insistait pourtant. Mon maître mongol, le vénérable Ngawang Nyima, désormais installé en Suisse, se mit de la partie. Mon entourage, à Paris et à L'Haÿ-les-Roses, me harcelait. Un autre de mes maîtres, le grammairien, me poussa aussi dans cette voie en me pressant d'enseigner ce que j'avais reçu de lui : « En enseignant la langue, disait-il, vous inciterez les gens à s'intéresser au bouddhisme. »

En 1975, nous eûmes la joie de recevoir le second tuteur à L'Haÿ-les-Roses. Avec l'association Tashi Chöling, nous organisâmes à l'hôtel Lutétia un enseignement qui portait sur la manière dont on peut générer en soi l'esprit d'éveil en admettant d'abord l'égalité entre autrui et soi-même, puis en accordant à autrui la préséance sur soi. Manifestement, l'intérêt des Français pour le bouddhisme s'était accru : il y eut cinq cents auditeurs ! Et – excellent présage – quinze moines du collège tantrique de Gyuten (celui des tuteurs) étaient justement de passage à Paris. Ils accomplirent les prières de requête et de remerciement pour l'enseignement.

Je crois que je pris ma décision à l'issue d'un voyage touristique aux Etats-Unis et au Canada en été 1976.

Sa Sainteté m'incite à enseigner...

De nombreux centres bouddhistes y étaient déjà implantés. Et si plusieurs d'entre eux fonctionnaient selon les règles, je fus surpris par les bizarreries de certains autres. Je pensai alors que je pourrais tout de même faire mieux...

Je savais que les paroles du Bouddha constituent un véritable trésor. Grâce aux rois du Tibet, aux traducteurs et aux maîtres, l'enseignement du Bouddha, donné environ 500 ans av. J.C., a pu se développer au Tibet pour le bien de tous les êtres. Tout a été préservé au fil des siècles : les trois corbeilles, qui regroupent les enseignements du Bouddha par thèmes – discipline morale, discours, métaphysique ; les quatre classes de tantras ; les quatre écoles philosophiques ; la doctrine du véhicule des causes qui amène à l'état de bouddha, et du véhicule des fruits, qui permet au pratiquant de s'identifier à un bouddha ; et les réalisations spirituelles[1] obtenues grâce à l'enseignement. Tout a été maintenu : les transmissions, les explications, les instructions, les grandes initiations, les initiations consécutives, les applications, etc. Tout a été conservé jusqu'à nos jours, au complet. C'est une spécificité tibétaine.

A force d'y songer, je finis par conclure qu'il me fallait dorénavant consentir des efforts pour partager ce trésor avec ceux qui s'y intéressaient. Puisque j'avais eu la chance d'arriver dans un pays libre, c'était un devoir. Cette réflexion m'insuffla le courage de

---

1. Une réalisation est le développement des qualités existant déjà en germes sur le courant de conscience de l'individu. Par exemple l'amour, la bonté, la patience, l'enthousiasme, la compassion, la sagesse, etc. Le but de la pratique consiste à porter ces qualités à leur plénitude, à un point tel que celles-ci deviennent spontanées, imprègnent totalement le pratiquant.

m'atteler à cette tâche et d'essayer de l'accomplir de mon mieux.

Par ailleurs, c'est en 1976 que, sous le patronage des deux tuteurs, la « Gelugpa Society » fut inaugurée à Dharamsala, en présence de nombreux tulkous et des abbés des différents monastères guélougpas. Je participai à la réunion fondatrice, qui eut peut-être plus d'influence que je ne l'avais prévu.

CHAPITRE XIV

J'accomplis la volonté de mes maîtres

Premiers enseignements en France. Création d'un institut bouddhiste. Le bouddhisme peut aider tout le genre humain. Repérer les causes de ses souffrances et s'en libérer. Mon rôle? Aider les gens à devenir plus indépendants, plus libres, plus heureux. Naturalisé français. Palmes académiques. Retraité des Langues O en 1992. L'immense douleur de perdre mes maîtres. Je fonds en larmes. Association franco-tibétaine. Les monastères reconstitués en Inde.

Je n'ai pas oublié le 9 novembre 1977. Ce jour-là, je commençai à exposer le bouddhisme aux Occidentaux à Paris. Et je poursuivis mon activité professionnelle aux Langues O, sans mêler les deux genres. Si certains de mes étudiants souhaitèrent découvrir le bouddhisme à travers mon enseignement, la plupart demeurèrent longtemps dans l'ignorance de ma nouvelle activité. En fait, j'accomplissais la volonté de mes maîtres et je me donnais un an avant d'évaluer le résultat de ce nouveau travail, bien décidé à y mettre fin si mes auditeurs n'en tiraient aucun bénéfice.

Je décidai d'enseigner en premier lieu les six pratiques préparatoires, c'est-à-dire la partie préliminaire du lam-rim (la voie progressive vers l'éveil). Et en guise de présage, je choisis un texte venant de Dagpo Lama Rimpotché, mon prédécesseur. En fait, ce qu'on appelle lam-rim n'est autre que l'ensemble des méthodes permettant de devenir bouddha. S'y trouvent donc les moyens utiles pour affaiblir nos aspects négatifs (les facteurs perturbateurs ou kléshas) comme ceux pour développer les côtés positifs notamment l'amour, la compassion, la sagesse et toutes les vertus qui permettent de progresser soi-même et d'aider autrui. Le lam-rim offre ainsi l'avantage de contenir dans son intégralité l'essence du bouddhisme mahayana (grand véhicule). Un avantage d'autant plus grand qu'il n'est pas réservé aux seuls bouddhistes. Tout le monde peut le mettre en application et en tirer parti.

Quelle méthode devais-je utiliser avec des Occidentaux habitués à l'étude et avides de connaissances mais dont la culture nourrie de christianisme et fortement imprégnée du concept de l'âme éternelle différait totalement de la culture tibétaine ? Sauf exception, les Occidentaux n'avaient presque jamais entendu parler du bouddhisme. Or celui-ci admet des réincarnations successives et considère que le monde comme l'espace sont infinis et abritent d'autres sphères habitées par des êtres souffrants. De plus, le bouddhisme ne conçoit pas de Dieu créateur de l'univers. A ce décalage culturel s'ajoutaient d'énormes difficultés linguistiques : les mêmes concepts ne se retrouvant pas dans les deux cultures, il n'existait pas non plus de termes équivalents. Dans ces conditions, comment cerner les notions fondamentales sans se livrer à des contorsions intellectuelles, peu satisfaisantes ? Bref, il me paraissait impossible de parler du bouddhisme à des Occidentaux comme à des Tibétains, sous peine

J'accomplis la volonté de mes maîtres

de multiplier les malentendus et de ne pas répondre à leur attente.

Par exemple, certaines notions semblent si évidentes ou au contraire provisoirement incompréhensibles aux Occidentaux qu'au début mieux vaut ne pas s'y attarder. En revanche, d'autres notions nécessitent d'emblée des explications, au moins succinctes, que l'on ne donne pas d'ordinaire en exposant les six pratiques préparatoires : à propos du bouddhisme (historique, etc.), ou encore du principe de vies antérieures et ultérieures, des karmas et de la loi de causalité. Et au fur et à mesure que l'on avance il convient de donner des éclairages sur les « trois corbeilles », les trois instructions supérieures : éthique, concentration, sagesse, sur les quatre écoles philosophiques, sur le mental et les facteurs mentaux (par exemple, les facteurs bénéfiques comme l'amour, la sagesse ou la mémoire, les facteurs perturbateurs comme l'irritation, l'attachement ou l'ignorance, et bien d'autres encore : cinquante et un en tout).

Jusqu'au 7 juin 1978, j'enseignai les six pratiques préparatoires à un groupe d'une trentaine de personnes qui s'étoffa peu à peu, à raison de vingt-neuf séances, organisées le soir après les heures de bureau ou les jours fériés. Puis nous prîmes l'habitude de nous réunir une fois par mois pour observer ce rituel. Une habitude qui perdure encore aujourd'hui.

Après un an d'enseignement, je pris le temps de dresser le bilan de cette activité et je constatai quelques effets bénéfiques. Certains de mes auditeurs avaient l'air plus heureux. Leurs relations avec leurs parents, leur conjoint, leurs enfants s'amélioraient. Dans ces conditions, comment envisager d'arrêter ? Il me fallait poursuivre, ce qui supposait la mise sur pied d'une structure fixe. Ce sera l'Institut bouddhiste tibétain Guépèle Tchantchoup Ling (littéralement, endroit où l'on peut épanouir les vertus et atteindre l'éveil) fondé en août 1978 à L'Haÿ-les-Roses.

Depuis cette date, j'ai toujours tenu à ce que les enseignements et conférences soient ouverts à tous et gratuits. La participation financière est libre et les textes des enseignements sont proposés au prix coûtant aux membres de l'Institut. C'est une particularité de notre centre.

A peu près à la même époque, je fus amené, sur la forte insistance du vénérable guéshé Rabten Lags, créateur d'un centre au mont Pèlerin en Suisse, à donner un premier enseignement hors de France. Je tentai, à cette occasion, d'expliquer la « Lettre à un ami » de Nagarjouna, l'un des plus grands maîtres indiens du IIe siècle qui, dans ce texte, s'adresse en fait à un roi et lui prodigue des conseils sur tous les plans. Une expérience appelée à se renouveler bien que je ne m'en sentisse pas digne. J'avais même essayé d'échapper au voyage en Suisse en écrivant à mon hôte qu'aucune raison ne militait en faveur de ma prestation et que celle-ci, selon l'aphorisme énoncé par Sakya Pandita, l'un des premiers maîtres de l'école Sakya (1182-1251), reviendrait à « boire de l'eau trouble et à négliger l'eau limpide ». Je n'avais pas réussi à le dissuader. Je ne sais pas si cet exposé fut d'une quelconque utilité pour mes auditeurs, mais en ce qui me concerne, j'en tirai de grands bienfaits : la force des paroles de Nagarjouna est telle !

Je voulais encore approfondir ma connaissance du bouddhisme et je réussis, en septembre 1978, à partir une nouvelle fois en Inde, pour un séjour d'une année.

Après un court séjour à Dharamsala, je me rendis

J'accomplis la volonté de mes maîtres

dans le sud, à Mundgod, où mon maître Guéshé Ngawang Nyima était abbé de Gomang Datsang. Je reçus à nouveau de lui et de Kyabdjé Trijang Dordjétchang plusieurs précieux enseignements et initiations. Quand la chaleur devint trop intense pour moi, je regagnai Dharamsala où j'eus l'immense chance d'effectuer la retraite de Vajrayogini chez le second tuteur. Et pendant une semaine, j'assistai à des enseignements dispensés par le premier tuteur.

Pour autant, je ne me désintéressais pas de l'Institut Guépèle où les enseignements furent assurés par les maîtres que nous avions invités : Song Rimpotché et Rateu Rimpotché, ainsi que Guéshé Loungri Namgyel, qui depuis a fondé le centre Tashi Chöling à Paris et occupe aujourd'hui la charge de supérieur en second de l'école guélougpa.

A mon retour en octobre 1979, je repris mon enseignement à Paris en choisissant de commenter la « Lettre à un ami » et en tenant compte des connaissances en tibétain des participants, en majorité des femmes. Le lundi soir fut réservé aux personnes ignorant tout de ma langue natale, et le mardi soir au groupe de « tibétanisants » auxquels on distribua le texte en tibétain et sa traduction en français.

Trente à quarante personnes participaient à chaque séance, mais je n'abandonnais pas pour autant mon travail aux Langues O, où je donnais neuf heures de cours par semaine à une trentaine d'étudiants répartis sur trois niveaux. Deux charges qui, au fil des années, allaient devenir toujours plus lourdes, mais comment ne pas les assumer ?

J'avais l'impression que le bouddhisme pouvait aider les Occidentaux, en particulier les Français, dont j'apprécie le côté intellectuel et brillant. Les Français auxquels j'ai affaire sont instruits et rapides. Ils comprennent vite. J'ai donc essayé de leur expliquer la pensée du Bouddha telle qu'elle est. J'ai également invité des maîtres à venir la leur présenter, afin de multiplier les éclairages. Ainsi avons-nous eu le plaisir et l'honneur de recevoir de nombreux lamas et guéshés : Lati Rimpotché, Song Rimpotché, Serkong Tsénshab Rimpotché, Rateu Rimpotché, Guéshé Rabten, Guéshé Sonam Gyaltsen et bien d'autres. Notre ami Yontén Gyatso accepta souvent de nous épauler, en transmettant le lam-rim ou en expliquant la philosophie. Et surtout notre maître mongol, Guéshé Ngawang Nyima, eut plusieurs fois la bonté de venir à L'Haÿ-les-Roses, avant de repartir pour l'Inde... où nous allâmes le retrouver.

J'ai fait de mon mieux, à la mesure de mes capacités, et j'ai l'impression que bien des participants aux activités de l'Institut tentent de vivre selon la voie indiquée par le Bouddha. Je les trouve sincères et réalistes. Ils cherchent dans cette direction parce qu'ils ne s'estiment pas heureux, et aussi parce qu'ils obtiennent des résultats.

Je l'ai observé, ils utilisent nos méthodes. Ils s'efforcent de reconnaître et d'éliminer les facteurs perturbateurs qui empoisonnent l'esprit, ils essaient de parvenir au calme mental en maîtrisant leurs pensées et de devenir maîtres d'eux-mêmes. Donc plus aptes à aider les autres.

A ceux qui me demandent souvent ce que je pense de la société française et de ses malheurs actuels, je réponds que, si les Français sont malheureux, alors, il n'y a que des malheureux dans le monde ! J'ai beaucoup voyagé, je peux comparer avec d'autres pays et je crois que la société française est l'une des plus heureuses de toutes. Je le pense vraiment. En tout cas, les meilleures conditions pour vivre heureux sont réunies en France. Etre heureux ou non, cela dépend des Français eux-mêmes. Certains paraissent incapables d'apprécier leur chance de vivre dans ce pays comblé de richesses. Je me souviens d'avoir conseillé à deux jeunes Français, très critiques à l'égard de l'Hexagone, de voyager un peu en Inde et de revenir me voir à leur retour. Ils m'écoutèrent et ils revinrent, édifiés.

Je rencontre de nombreux Français qui se refusent à l'effort, qui n'acceptent pas un travail sous le prétexte qu'il ne leur convient pas ou ne correspond pas à leurs capacités. Une attitude qui me dépasse. A ceux-là, je suggère d'accepter n'importe quel travail, s'il s'en présente un, et de chercher en même temps un emploi plus gratifiant, plutôt que d'attendre et de se désespérer.

J'ai vécu vingt-six ans au Tibet. Si mes souvenirs sont exacts, je n'y ai pas rencontré plus de trois malades mentaux et nous ne parlions jamais de dépression nerveuse. Or la France recèle une quantité impressionnante de personnes déprimées, névrosées. C'est très frappant. Pourquoi ? Est-ce parce que les Français ont sombré dans le matérialisme ? Je crois qu'ils subissent trop de pression d'une société mécanisée. J'ai l'impression que les enfants, en particulier, sont traités comme des récipients que l'on remplit jusqu'à les faire déborder. Ce n'est pas humain. Ce n'est pas la bonne façon d'aimer les enfants. Je constate d'autre part que les Français ont souvent perdu la foi. Ils ne possèdent plus que des choses. Et ils se plaignent constamment. Mais pas tous ! Ceux qui ont conservé leur spiritualité, qui vivent leur foi, gardent le moral et ne semblent pas si désorientés.

Le lama venu du Tibet

Pourquoi tant de Français se sentent-ils attirés par le bouddhisme? Je crois que la structure bouddhiste, la pensée bouddhiste, souple, philosophique, tolérante, les attire, à une époque où l'approche dogmatique ne fait plus recette. Or, il est vrai que certains Français, toujours en quête de raisonnements, se sentent sécurisés lorsqu'ils découvrent quelque chose à l'issue d'un travail de recherche qui a mobilisé leur esprit. A ceux-là, en France comme aux Etats-Unis, où l'attirance pour le bouddhisme est encore plus notoire, le christianisme n'apporte pas toujours de réponse. Dès lors, que peut faire la personne qui a perdu la foi? Elle ne croit plus au Dieu créateur et s'interroge sur les raisons de respecter les commandements de Dieu et de l'Eglise. Cette personne peut être tentée de se tourner vers le bouddhisme, séduite par les nombreuses explications apportées par les maîtres.

Prenons l'exemple du vol. Je ne sais pas comment on explique cet interdit chez les chrétiens, mais, chez les bouddhistes, on montre que la première victime du vol, c'est le voleur lui-même. Le vol implique en effet un mauvais karma et beaucoup de mauvais karmas risquent de conduire à une vie ultérieure pleine de souffrances, puisque nous croyons à la réincarnation.

Le bouddhisme a-t-il une vocation universelle, comme le christianisme ou l'islam? Honnêtement, je ne le sais pas, mais il n'est pas réservé à l'Orient où il a pris naissance. Il peut aider tous les êtres, à des degrés divers, il peut répondre à de nombreuses questions que se posent les hommes angoissés, mais il n'est pas possible qu'il convienne pleinement à tout le monde. Les gens ne pensent pas forcément tous de la même façon. Le bouddhisme ne fait pas l'unanimité. Il suscite même de sérieux désaccords. Rien de plus logique! Chacun a le droit de choisir sa propre religion, voilà tout. Pour ceux qui ne se sentent pas à l'aise avec le bouddhisme celui-ci ne peut pas grand-chose.

En réalité, le bouddhisme est tout simplement destiné aux personnes auxquelles convient ce moyen, qui permet de repérer les causes de ses souffrances et de s'en libérer. Et il est destiné aux personnes de toutes conditions sociales, à ceci près que les explications données doivent correspondre au niveau intellectuel de chacun. A contrario, le bouddhisme ne s'avère d'aucune utilité pour les personnes auxquelles ce moyen n'est pas adapté. Les personnes qui ne trouvent pas le bonheur dans le bouddhisme et qui cherchent une voie spirituelle peuvent se tourner vers le christianisme ou l'islam par exemple. La liberté, ici, doit être totale.

Quel est mon rôle auprès des personnes qui suivent mes enseignements ? J'essaie de les aider à devenir plus indépendantes, plus libres, plus heureuses, et à tenter, d'atteindre ou tout au moins d'approcher l'état de bouddha. De fait, le but ultime ne sera peut-être obtenu que dans une autre vie, proche ou lointaine, car le chemin vers l'éveil est ardu. J'essaie de leur enseignenr la méthode bouddhiste qui leur permettra de ne plus subir l'esclavage de leurs sentiments, par exemple la colère ou l'attachement qui souvent dominent nos esprits et les troublent.

Pas plus que Sa Sainteté, je ne me livre au prosélytisme. J'attends que les gens me sollicitent et moins il s'en présente, plus je me sens libre. Il ne m'incombe pas de recruter des disciples. Du reste, je n'emploie jamais le mot disciple à propos des personnes qui viennent m'écouter. Je les tiens pour des amis et je ne me considère pas comme leur maître. Je suis un bouddhiste qui parle du bouddhisme, qui partage ce qu'il a appris, et les auditeurs prennent ce qu'ils veulent. C'est une énorme responsabilité puisqu'ils me font confiance. Je dois continuer à étudier beaucoup moi-même, à pratiquer, bien sûr, chaque jour, et à réfléchir à la meilleure manière de me montrer le plus objectif, le plus honnête possible dans mon enseignement.

Voilà donc le résumé de mon activité depuis 1977. Et j'ai l'intention de poursuivre mon effort, en France et ailleurs. La nationalité française nous a été accordée, à Guéshélags et moi, en 1973. A cette époque, c'était assez facile, d'autant plus que nous avions des emplois. Nous étions auparavant considérés comme des apatrides. Nos papiers mentionnaient en guise de citoyenneté notre seule qualité de « réfugié tibétain ».

Quelle serait mon attitude si le Tibet redevenait indépendant ou recouvrait au moins une véritable autonomie, comme le revendique le dalaï-lama ? Je me mettrais sûrement à la disposition du Tibet où tout sera à refaire mais, si je le peux, je conserverais les deux nationalités et je ferais des allers et retours. Je ne laisserais pas tomber mes amis français. Ce n'est pas possible. Nous sommes liés. Je reviendrais leur donner des enseignements dans toute la mesure du possible et faute d'y parvenir, je trouverais des maîtres capables de les aider.

Mais nous n'en sommes pas là ! Et je consacre l'essentiel de mon temps à l'enseignement du bouddhisme en France, dans différents pays européens et, depuis 1989, dans plusieurs pays d'Asie, l'Indonésie, la Malaisie, Singapour, la Thaïlande. Au fil des années, les demandes ont afflué et j'y ai répondu en jonglant

J'accomplis la volonté de mes maîtres

avec mon emploi du temps et jusqu'en 1993, date de ma retraite, avec mon travail aux Langues O[1]. Un emploi du temps d'autant plus chargé que je n'avais toujours pas renoncé à prendre l'avion pour retrouver mes maîtres en Inde et m'occuper de monastères que nous nous acharnons à faire revivre pour maintenir la culture et la religion tibétaine.

Mes maîtres ? J'en ai eu quarante et un. Mes parents et mon tuteur désignèrent les premiers, mais dès mes seize ans, le choix des autres m'incomba. Je les ai choisis en fonction de leurs connaissances, de leurs pratiques, mais aussi de la confiance et de la foi qu'ils m'inspiraient. Avec un maître, une relation de confiance absolue s'établit. Rien n'est plus précieux, plus important que le lien avec le maître. C'est le cœur de la vie spirituelle, donc de la vie tout court. Un maître transmet par oral l'enseignement et permet d'avancer. C'est vital. Un maître ne juge pas son disciple, il l'écoute, il plaisante avec lui ; en plaisantant beaucoup, il fait passer des messages. On peut tout lui confier, même le plus intime, même des bêtises.

De haute taille et d'une rare élégance, Kyabdjé Trijang Dordjétchang alliait les trois qualités cardinales du moine : lettré, discipliné et bon. S'il était le dépositaire de la tradition guélougpa, il connaissait également très bien les spécificités des autres écoles, mais sa science ne se limitait pas au seul bouddhisme. Il avait étudié à fond aussi bien la médecine que l'astrologie, et il fut l'un des plus grands poètes de ce siècle. Dès quatorze ans, il écrivait des vers. A cela s'ajoutait un

---

1. En 1986, l'auteur fut décoré des palmes académiques par M. Chevènement, alors ministre de l'Education nationale. C'est Henri de La Bastide, président de l'INALCO, qui lui fit part de la nouvelle en lui adressant ses félicitations.

sens politique des plus fins, au point que même les membres du gouvernement tibétain venaient le consulter quand une affaire ou une décision s'avéraient délicates.

Très accessible, il recevait à longueur de journées des moines et des laïcs venus lui confier leurs problèmes et lui demander conseil. Pas seulement des guélougpas. Tous les Tibétains se sentaient en confiance auprès de lui. Devenu tuteur du dalaï-lama, auquel il consacra bien sûr la majeure partie de son temps, il ne cessa de s'occuper avec bienveillance du sort de tous ceux qui avaient recours à lui. Et ils étaient nombreux. On ne compte plus les lamas et pratiquants auxquels il apporta son aide. Doté d'une prodigieuse mémoire, il n'oubliait pas les textes lus. Il dispensait des enseignements après les avoir détaillés, mais il savait aussi les adapter parfaitement à son auditoire. Il suffisait de le voir ou de l'entendre, pour être impressionné. S'il recevait tout un chacun avec affabilité, il était aussi d'une extrême sévérité avec ses disciples les plus proches. Ils avaient pour lui une vénération teintée – disons-le – de frayeur tout en étant en confiance.

Kyabdjé Ling Dordjétchang témoignait de qualités assez semblables à celles de Kyabdjé Trijang Dordjétchang. Grand philosophe à l'esprit acéré, il maîtrisait parfaitement les quatre classes de tantras, et connaissait le sanscrit et l'astrologie. En revanche, il ne parlait jamais de politique sauf avec quelques intimes. Il n'y entendait rien, disait-il. Jamais il ne faisait la moindre remarque sur les affaires de ce monde, ni n'émettait la moindre critique.

Si ceux qui ne le connaissaient guère avaient peur de lui, en raison de son aspect physique impressionnant –

n'était-il pas Vajrabhaïrava ? – il était en fait extrêmement détendu, et d'une indulgence telle qu'on pouvait tout lui confier. Et il faisait preuve d'un humour inégalable, quelque peu désarçonnant aussi.

Quelle chance d'avoir rencontré de tels maîtres ! Plus on les fréquentait, mieux leurs qualités apparaissaient, de plus en plus évidentes. En est-il encore aujourd'hui de cette stature ?

Et Gènlags, notre maître mongol, tant aimé et tant craint ! Moine exemplaire lui aussi, Guéshé Ngawang Nyima passa sa vie à étudier et à enseigner. Sa connaissance de la philosophie bouddhiste était proprement insondable, et il était un redoutable dialecticien. Au Tibet, il enseignait d'affilée de 8 heures à 20 heures, et passait le reste du temps à méditer le lam-rim. Il composa aussi six volumes de traités et commentaires, par exemple sur le soutra de la sagesse, ou la prière de Maitreya, bouddha de l'amour. C'était un authentique maître kadampa, avec ce que cela implique de rigueur et de frugalité. Tout ce qu'il recevait, de ses disciples ou de ses visiteurs, il le donnait immédiatement à la communauté, ne conservant rien pour lui. Il était d'une sévérité redoutable, et redoutée, mais il entourait aussi ses élèves des soins les plus attentifs, veillant à leur bien-être physique et moral.

J'ai toujours eu hâte de revoir mes maîtres en Inde. Ils me logeaient. Ils étaient pour moi comme des pères. Je leur décrivais mon existence parisienne, et leur racontais tout ce qui me passait par la tête.

En 1980, j'eus la joie de recevoir Kyabdjé Ling Dordjétchang, le premier tuteur, venu se faire soigner en Europe et de le servir, en France et lors de ses déplacements en Italie, en Suisse, aux Etats-Unis et au Canada. Ce fut pour moi une chance exceptionnelle de le côtoyer si longtemps et ce fut aussi l'occasion de mettre en pratique la manière de suivre, de servir et d'honorer le maître spirituel. Il est dit en effet dans les soutras comme dans les tantras que mieux vaut honorer l'élément le plus humble de l'entourage du maître que de révérer tous les bouddhas des dix directions. De fait, ce service me permit d'opérer une véritable purification. En arrivant à L'Haÿ-les-Roses, il s'était exclamé : « Ah! Vous habitez un véritable mandala », en se souvenant de ses conseils pour l'achat de ma maison. Il voulait dire par là que celle-ci était un univers de clarté.

Durant l'été 81, comme les deux tuteurs devenaient âgés, je retournai en Inde pour étudier à nouveau auprès d'eux. Reçu comme membre de la maisonnée à Dharamsala, je logeais tantôt chez l'un tantôt chez l'autre. Et quand je dus rentrer en France, début septembre, Kyabdjé Ling Dordjétchang m'offrit les œuvres complètes de Loumboum Shérab Gyatso et celles de Pabongkha Dordjétchang; pour sa part Kyabdjé Trijang Dordjétchang me donna le tantra racine de Hérouka et un joli bol en bois précieux. Je me souvins que lorsqu'il m'avait conféré en 1976, à Dharamsala, une initiation de Hérouka, le bouddha à aspect masculin de la sagesse et de la grande félicité, j'avais eu la certitude fugitive mais intense qu'il était lui-même Hérouka. Certes, je ne l'avais pas « vu », mais ressenti au plus profond de moi-même. La forme humaine n'était plus qu'une apparence.

Avant de le quitter – en 1981 – je l'adjurai du fond du cœur de bien vouloir demeurer longtemps, très longtemps, parmi nous. Je m'engageai à servir l'enseignement et à aider les êtres, et je le priai instamment de me prodiguer toujours ses soins et de me protéger tout au long de mes vies. Puis, selon la coutume, je m'inclinai devant lui pour qu'il me touche le front du sien, comme le font les lamas entre eux. Accompli d'ordinaire de façon furtive, ce geste revêtit ce jour-là une importance spéciale. Le maître posa, en même temps, ses deux mains sur ma tête et resta un long moment en prière, le temps que je me récite, trois fois, la prière traditionnelle au maître. En proie à un profond trouble, je fus alors persuadé que je voyais Trijang Dordjétchang pour la dernière fois dans cette vie – il devait, en effet, quitter son corps quelque temps après – et je ressentis une peine insupportable à l'idée de ne plus le revoir. J'étais, néanmoins, convaincu que jamais je ne serais vraiment séparé de lui, et qu'il s'occuperait de moi tout au long de mes vies.

Huit ans plus tard, alors que je conduisais un pèlerinage d'amis français en Inde et que nous visitions la résidence de mon maître décédé, je fus saisi par une si violente émotion que je fondis en larmes, envahi par le souvenir de tant de précieux enseignements et d'initiations reçus en ces lieux. J'avais l'impression que mon maître se trouvait là, présent.

Au cours de ce pèlerinage, je fis un rêve étonnant. Je vis un moine me présenter un thangka (peinture sur tissu de coton, plus rarement sur soie) de Djé Tsongkhapa sur la poitrine duquel s'imbriquaient trois Vajrabhaïrava, le plus grand de couleur bleu foncé, le moyen de couleur rouge et le plus petit de couleur blanche. Tout autour, et de part et d'autre de la figure centrale, je vis plusieurs Djé Tsongkhapa sous l'aspect de Manjoushri, bouddha de la sagesse, et deux rois de Shambala – un pays mythique et très prospère, représentant la richesse spirituelle et matérielle. Des flammes dansaient dans le bas du thangka.

Le lama venu du Tibet

Mon maître mongol auquel je racontai ce rêve m'avait conseillé d'en garder la mémoire en le faisant reproduire sur un thangka. Et il m'avait offert en guise de « toile » ce qui lui restait d'une chemise de mon maître, Trijang Dordjétchang.

Le premier tuteur, Kyabdjé Ling Dordjétchang, suivit le second en 1983. Au début de l'été, il fut frappé par une crise d'hémiplégie et je partis sur-le-champ à Dharamsala où je ressentis un tel choc en le voyant dans son fauteuil que je faillis crier de douleur. De la main, il me fit signe qu'il ne pouvait plus parler et nous célébrâmes avec d'autres visiteurs une cérémonie de longue vie. Je me mis aussitôt à son service et, durant les dix derniers jours de mon congé estival, je le fis manger et j'assurai ses soins intimes. Une semaine après mon arrivée, il recommençait à parler un peu et ses jambes avaient récupéré un début de sensibilité. L'espoir revenait et il évoquait son dernier séjour en France. Faux espoir. J'appris son décès le 25 décembre.

En 1990, mon maître mongol, Guéshé Ngawang Nyima, qui m'avait tant incité à fuir Lhassa en 1959 et qui dirigeait le collège de Drépoung Gomang reconstitué en Inde, décéda à son tour. Il ne me reste aujourd'hui qu'un seul maître vivant, Sa Sainteté. Les autres ont tous aujourd'hui quitté ce monde et j'en éprouve encore une immense douleur.

Lorsque le dalaï-lama vient en France, je me mets à son service. Son premier séjour eut lieu en 1982. Le dalaï-lama logea à l'hôtel de Crillon, aux frais de l'Institut Guépèle Tchantchoup Ling qui fournit six chauffeurs et prit aussi en charge les frais entraînés par l'enseignement dispensé par Sa Sainteté à la salle de la Mutualité devant 2 500 personnes. Thème

J'accomplis la volonté de mes maîtres

abordé : l'entraînement de l'esprit. Le second séjour se situa au printemps 1986, et cette fois la mairie de Paris offrit le logement à l'Hôtel Intercontinental, l'Institut se contentant de fournir des véhicules avec chauffeur et d'assumer la moitié des frais de location du Palais des Sports où 6 000 personnes suivirent la conférence du dalaï-lama.

Avec Guéshélags et Rosemary Patton, l'une de mes interprètes, nous veillons au bon déroulement de ses déplacements, au calme et au confort des chambres d'hôtel, à sa sécurité, et nous lui préparons ses repas pour lui éviter de brusques variations culinaires tout en entretenant une atmosphère paisible et reposante autour de sa personne. Notre relation est aussi fondée sur la confiance la plus entière. Sa Sainteté aime plaisanter et évoquer le vieux temps, le temps du Tibet, en particulier avec Guéshélags dont la mémoire étonnante fourmille d'anecdotes et de souvenirs de nos vertes années. En 1989, Guéshélags et moi rejoignîmes le dalaï-lama en Norvège pour assister à la remise de son prix Nobel de la paix.

Si je retourne si souvent en Inde, c'est aussi pour m'occuper des monastères que nous avons reconstitués après l'invasion chinoise, avec l'accord des autorités indiennes, pour assurer la formation de jeunes moines et perpétuer l'enseignement du Bouddha. Je veille particulièrement sur Dagpo Datsang, mon ancien collège philosophique, d'abord implanté à Bomdila en Assam, puis à Mainpat dans l'Etat du Madhyapradesh. J'y donne des enseignements et des transmissions et j'ai pu y faire construire un temple et une vingtaine de cellules. La communauté compte aujourd'hui une soixantaine de moines, en majorité des jeunes, âgés de neuf à vingt-cinq ans. Une vingtaine d'entre eux ont été envoyés à l'université monastique de Drépoung Gomang recréée dans l'Etat du Karnataka, au sud de l'Inde, pour y suivre des cours adaptés à leur niveau. J'accorde beaucoup d'attention à leurs études et donc à Drépoung Gomang, dont s'occupa tant mon maître mongol jusqu'à sa mort. Le monastère comptait 60 moines en 1972 à l'époque de la reconstruction, 250 en 1989 et 1 200 en 1997.

En 1988, une vague de réfugiés afflua encore du Tibet, mais les monastères, à peine reconstruits, n'étaient pas en état d'accueillir les nouveaux moines qui furent contraints de s'entasser à huit ou neuf dans des cellules étouffantes et insalubres de 10 m^2 environ, où la promiscuité rendait l'étude impossible. En guise de pratique de longévité à l'intention de mon maître mongol, dont la santé m'inquiétait déjà, je décidai de financer moi-même la construction d'un bâtiment de vingt cellules à Drépoung Gomang.

A cette époque, j'avais déjà fondé une association, Entraide franco-tibétaine[1] pour secourir les réfugiés tibétains et contribuer à la préservation d'une culture et d'une spiritualité menacées de disparition.

L'association vit de dons et des cotisations. La générosité des Français est grande. Pour le reste, pour financer mes nombreux voyages, c'est simple. Ou je paye moi-même le prix des billets d'avion avec ma pension de retraité de l'université, qui n'est pas très élevée mais me permet de vivre, ou les billets sont pris en charge par les communautés d'Europe ou d'Asie qui m'invitent à enseigner. Guéshélags, pour sa part, est retraité de l'EDF où il fut employé jusqu'à soixante ans.

---

1. Entraide franco-tibétaine, Chemin de la Passerelle – 77250 – Veneux-les-Sablons – France. Tél : 01.64.31.14.82.

J'accomplis la volonté de mes maîtres

Plusieurs foyers d'étudiants ont été ainsi construits dans les centres de regroupement de Mainpat et de Mundgod, certains grâce aux dons de membres et de sympathisants de notre association, certains avec le concours de la Fondation Abbé Pierre et celui de l'association du personnel du laboratoire européen pour la physique des particules (CERN) de Genève.

L'Entraide franco-tibétaine parraine, entre autres actions, des étudiants à Dagpo Datsang et Drépoung Gomang, et a constitué un fonds de secours médical pour assurer les frais d'hospitalisation et les soins coûteux qu'entraînent les maladies graves comme la tuberculose, hélas! fréquente chez les réfugiés. L'hospice de Mundgod a pu être rénové à la suite de la visite, en 1989, d'un groupe de Français que j'avais emmenés en pèlerinage sur les lieux sacrés du bouddhisme.

Créé en 1971, l'hospice abritait deux cent vingt-sept vieillards et offrait un désolant spectacle : bâtiments chargés d'humidité, absence de personnel – le plus jeune pensionnaire préparait les repas quand sa santé le lui permettait – et sans doute plus grave : fenêtres dépourvues de moustiquaires. Dans une Inde du Sud où les moustiques abondent! Pour les chasser, les vieillards faisaient brûler des bouses de vache dans les chambres. La suie imprégnait les murs, les meubles, les vêtements, la peau. Tout était noir et d'une infinie tristesse.

Un choc pour mes amis. Certains ne purent retenir leurs larmes. D'autres s'indignèrent, trouvant intolérable que les moines de deux monastères tout proches et reluisants de propreté laissent végéter leurs voisins dans cet hospice crasseux : « Et vous vous prétendez pratiquants du mahayana ? » me lancèrentils. J'essayai alors de leur expliquer que ces deux monastères ne recevaient aucune subvention et que les moines avaient résolu leurs problèmes grâce à leur travail, à leurs efforts, mais que les vieillards, faute d'énergie, se montraient incapables de les imiter. J'ajoutai qu'au lieu de critiquer les moines, il serait plus positif de réfléchir à une action commune. Aussitôt, la discussion s'engagea et déboucha sur un accord général. Les Français décidèrent, dans un premier temps, de financer l'achat de moustiquaires et la peinture des murs en blanc, prélude à une rénovation plus complète.

Plus tard, un nouvel hospice vit le jour, construit principalement grâce à l'aide de la fondation Abbé Pierre pour le logement des défavorisés, ainsi qu'à celle du ministère français de l'Action humanitaire de l'époque. Unique et exceptionnel dans un camp en Inde, tant par sa conception que par son organisation interne, le nouvel hospice fut inauguré par Sa Sainteté qui le donna en exemple.

Enfin, une crèche de quarante places fut élevée à Dharamsala à l'issue de ce voyage en Inde qui avait conduit les pèlerins dans un village d'enfants tibétains de cette ville. Emus par le dénuement des installations, des Français se mobilisèrent avec générosité et efficacité.

CHAPITRE XV

Retour au
« royaume des esprits faméliques »

Vingt-huit ans déjà. Un monde étrange et inconnu. Un choc d'une extrême violence. Ruines et désolation. Les plaques d'or excitent la convoitise des Chinois. Le « lama fou » aspire le mal. Les moines en « haie d'honneur ». Les vieux camarades en haillons, édentés, mutilés, affamés. Le royaume des prétas. Nouvelles émeutes à Lhassa.

Profitant, une fois encore, des vacances universitaires et d'une provisoire et relative détente de la politique chinoise au Tibet, qui nous avait permis d'obtenir un visa, je m'envolai pour Lhassa, le 26 juillet 1987, en compagnie de Guéshélags. Nous n'avions pas foulé le sol de notre patrie, depuis 1959, depuis notre fuite mouvementée en Inde.

Vingt-huit ans déjà! Nous étions anxieux de revoir nos familles, nos amis, nos monastères. Nous savions, certes, par les récits des réfugiés, les réalités terrifiantes de l'occupation chinoise, les destructions de monastères, les souffrances endurées par le peuple tibétain. De surcroît, ma sœur Mingyour Peldreune et sa fille Thouptén Pelmo avaient obtenu un visa pour la France en 1986, à la faveur de la détente.

Le lama venu du Tibet

Pourtant, nous étions loin d'imaginer l'étendue du désastre...

Dès l'arrivée à Gongkar, l'aéroport de la capitale, après un vol Paris-Pékin-Chengdou-Lhassa, nous fûmes plongés dans un monde étrange et quasi inconnu. Tout avait changé. Nous ne reconnaissions plus rien. Les monastères, les hameaux, les maisons importantes, telle forteresse, tel palais gouvernemental qui bordaient la route menant à Lhassa – deux heures de voiture – avaient été rasés. Restaient quelques tas de pierres, et de nouvelles maisons recouvertes de toits en tôle ondulée, à la chinoise, s'alignaient ici et là.

En arrivant à Nyéthang, aux abords de la cité sainte, nous cherchâmes en vain les traces du célèbre monastère de Rateu. Il n'existait plus. Et la vue splendide sur la ville et le Potala qui s'offrait autrefois aux voyageurs avait, elle aussi, disparu. Des casernes chinoises, dont le soleil faisait briller les toits en tôle, bouchaient l'horizon et s'étendaient à perte de vue. Envahis par des flots de tristesse, nous eûmes l'impression de nous trouver en Chine.

Sur le moment et durant les premiers jours du voyage, je regrettai cette expédition et songeai à repartir, puis je m'habituai peu à peu, sans me défaire d'un sentiment douloureux. Nos visas nous autorisaient à rester jusqu'au 25 septembre.

Le soir de notre arrivée, il fallut satisfaire aux exigences administratives, donc nous signaler au bureau adéquat, montrer nos visas, expliquer notre citoyenneté française et répondre à de multiples questions sur nos projets. Qui souhaitions-nous rencontrer ? Et pour quelles raisons ? Familiales ? Amicales ? Comptions-nous nous déplacer dans le pays et si oui, où et avec qui ?

Retour au « royaume des esprits faméliques »

Et notre voyage commença ou plutôt notre pèlerinage. D'abord au Potala, ouvert en partie seulement aux touristes, sous le prétexte de restauration, et dont de nombreuses salles étaient dévastées. Puis au temple de Jokhang, dépouillé de ses statues en or, au profit de la Chine. Enfin aux trois grands monastères.

A Drépoung, en apparence, rien n'avait changé. La façade et l'entrée demeuraient intactes, faisant ainsi croire aux touristes que tout fonctionnait normalement. En réalité, Drépoung, une ville de sept à huit mille moines, n'était plus que ruines et désolation. J'éprouvai un choc d'une extrême violence. Seuls, quelques bâtiments, reconstruits après la période des destructions massives, permettaient aux touristes d'assister à des cérémonies religieuses que les trois cents moines encore présents – aujourd'hui réduits à deux cents – avaient alors ordre de célébrer, bien que celles-ci soient, en principe, interdites. En fait, en dehors des périodes touristiques, les moines devaient se livrer à des travaux d'intérêt général : cueillette de fruits, travaux des champs...

A Séra, où la situation nous parut identique, vivaient encore deux à trois cents moines sur cinq mille cinq cents, avant l'invasion.

A Gandén où nous avions hésité à nous rendre, traumatisés à l'avance par les photos reçues en Inde et en France, nous savions ce qui nous attendait. Le pire ! L'université monastique, fondée par Djé Tsongkhapa en 1409, et qui abritait environ quatre mille moines en 1959, avait été ravagée de façon systématique. Les Chinois s'étaient acharnés sur Gandén parce que s'y trouvait le mausolée de Djé Tsongkhapa, un mausolée recouvert de plaques d'or offertes par des princes mongols puis par le treizième dalaï-lama, des plaques d'or qui avaient excité la convoitise des occupants.

Pour justifier leurs exactions, ces derniers avaient accusé les moines de crimes abominables, notamment de s'être enrichis sur le dos du peuple, puis forcé ce même peuple – ainsi « éclairé » – à démolir pierre par pierre les nombreux bâtiments du monastère, tout en récupérant tout ce qui avait quelque valeur, en particulier les bijoux et les pierres précieuses incrustées dans les murs et offertes aussi par les Mongols.

Après une visite en autocar au monastère de Chongyé Riho Détchén, lui aussi réduit comme peau de chagrin, et où l'on m'avait demandé d'enseigner « l'Hommage à Djé Tsongkhapa », nous partîmes le cœur gros, dans le Lhokha, au sud-est du Tibet, à bord de deux jeeps.

Un lama de Dagpo Datsang, un ancien camarade, Damcheu Rimpotché, nous accompagnait et facilitait nos démarches. Il était devenu fonctionnaire du bureau des religions, ouvert en 1982 par les Chinois, après avoir été condamné aux travaux forcés dans sa jeunesse. Je l'avais rencontré par hasard quelques jours auparavant au monastère de Chongyé, lieu de naissance du cinquième dalaï-lama, non loin de la ville de Tsétang où l'un de mes anciens élèves m'avait aussi reconnu et s'était décidé, à mon invitation, à se joindre à nous.

La situation dans cette région du Lhokha ressemblait à celle qui prévalait autour de Lhassa. La plupart des monastères avaient subi les mêmes destructions. Et, comme un peu partout, on voyait des bâtiments neufs dont les Chinois avaient autorisé la construction sur les ruines et où de petites communautés de moines essayaient de maintenir l'essentiel, mal-

Retour au « royaume des esprits faméliques »

gré leur isolement spirituel et leurs immenses difficultés matérielles. Chaque fois que je le pus, je leur donnai des enseignements. Ils en étaient cruellement privés et nous hébergeaient avec empressement lorsque nous ne savions pas où faire étape.

Alors que nous roulions un matin vers Dagpo Datsang, sous une forte pluie qui détrempait la piste, nous nous arrêtâmes à la hauteur d'un cavalier coiffé d'un grand chapeau. C'était Nanding Rimpotché, lui aussi un lama de Dagpo Datsang, mais, nous dit-on, un « lama fou ». Il était devenu guérisseur et soignait les gens avec des méthodes peu ordinaires : il aspirait ou suçait le pus des plaies. Il nous raconta qu'il avait senti le besoin irrésistible de se mettre en marche vers le lieu de notre rencontre, malgré les nombreux malades qui le pressaient de demeurer parmi eux. Rien n'y avait fait. Sans raison apparente, il était parti sur son cheval et voilà que nous nous croisions. Tout heureux, il nous conduisit à son monastère – celui de Nanding – où les moines, alertés, nous attendaient depuis des heures, en haie d'honneur sous la pluie. Revêtus de leurs robes rouges et de leurs toges safran et coiffés de leurs chapeaux jaunes, ils faisaient brûler dans la nuit des branches d'arbres parfumées pour accueillir, selon la tradition, le lama en visite.

Le lendemain, je donnai un enseignement à environ trois mille personnes, accourues des environs, sans que les policiers chinois interviennent. En 1987, ils ne réalisaient peut-être pas ce que nous faisions et, en tout cas, se montraient assez souples. Les policiers se contentaient de vérifier nos papiers et nous invitaient le soir à venir bavarder avec eux, au commissariat, en prenant le thé. Invitation que la prudence recommandait d'accepter.

Le lama venu du Tibet

La nouvelle de ma présence dans la région où j'étais fort connu et où mon prédécesseur avait beaucoup circulé, s'étant répandue assez vite, les gens affluaient le long des routes, surtout lors de notre retour, pour rencontrer « leur lama » et recevoir de lui une bénédiction. Certains avaient marché trois ou quatre jours pour me rencontrer.

Nous arrivâmes à Dagpo Datsang après avoir franchi un col très élevé où je tins à m'arrêter pour contempler – j'étais affreusement triste – ma région du Dagpo et prier.

Là encore, nous découvrîmes un spectacle consternant. Une quarantaine de religieux sur près de sept cents, des jeunes pour la plupart, se maintenaient sur le site à force d'énergie et nous attendaient, eux aussi, en haie d'honneur. Une soixantaine d'anciens moines plus âgés, défroqués, demeuraient alentour et vinrent à notre rencontre. J'essayai de reconnaître mes anciens condisciples, mais sans y parvenir, tant ils avaient vieilli, usés par les privations, les coups, les souffrances, les séjours dans les prisons et les bagarres entre détenus : l'enjeu pouvait en être une souris, donc un repas. A les voir vêtus de haillons, édentés, parfois mutilés par les tortures, le corps déformé, Guéshélags et moi fûmes dans l'impossibilité d'identifier des hommes avec lesquels nous avions vécu douze années dans les mêmes classes.

Ils ne purent retenir leurs larmes en nous voyant et en prenant nos mains. Ils nous racontèrent la famine, les travaux forcés, la mort de plusieurs camarades, et nous conduisirent dans les ruines de notre collège. A la place du tcheura, la vaste esplanade scolastique où nous débattions avec une si grande ardeur, se dressait un petit temple récemment bâti. Les ermitages et les

Retour au « royaume des esprits faméliques »

belles propriétés entourant le collège n'étaient plus que vestiges. Des fonctionnaires chinois logeaient dans les bâtiments construits sur les fondations de nos cellules. Les statues en or ou en argent avaient pris le chemin de la Chine. Nos vieux camarades tiraient une maigre subsistance de l'agriculture ou du nomadisme. Presque tous avaient rendu leurs vœux, de peur de les enfreindre en prison ou dans les camps. Tsultrim, un maître, un érudit du monastère, avait préféré se suicider en se noyant plutôt que de se rendre à une réunion où il savait qu'il serait contraint par les commissaires politiques chinois de proférer des blasphèmes.

A la demande de l'abbé, et ému au plus profond de moi-même, je donnai la transmission de « la Lumière sur le sens » et de « l'Essence des excellentes paroles » de Djé Tsongkhapa, puis je leur indiquai la meilleure façon de respecter nos règles.

Nous devions poursuivre notre route et voir Bamtcheu, voir de nouvelles ruines et constater l'implacable saccage de ce monastère datant du XVe siècle. Une quarantaine de jeunes moines et sept à huit anciens, tolérés alors par les Chinois, avaient réussi à rebâtir un petit temple. Deux étages de la maison où j'avais habité à partir de 1938 étaient réservés aux hôtes de passage. Le troisième étage s'était volatilisé.

Les moines et un bon nombre de laïcs rameutés par la rumeur de mon passage me prièrent de leur donner un enseignement. J'exposai « les Points essentiels du lam-rim ».

Les moines auprès desquels nous passâmes sept à huit jours ne nous reprochèrent pas d'avoir choisi le chemin de l'exil. Au contraire. Ils pensaient que je ne serais pas sorti vivant des premières persécutions, car la propagande communiste accusait alors les lamas de tous les crimes pour s'emparer des richesses des monastères et les autorités chinoises les condamnaient aux travaux forcés si toutefois ils survivaient aux interrogatoires et aux tortures.

Après Bamtcheu, ce furent Doungkar et Nandzong, les dernières étapes de notre sombre randonnée. Le monastère où vivaient autrefois deux cent cinquante moines était retourné au néant, rasé jusqu'aux fondations. Comment oublier notre rencontre avec la population, en partie décimée, des hameaux voisins? Presque tous, hommes et femmes, pleuraient en décrivant leurs terribles épreuves et leur pauvreté. Tout respirait ici le malheur. On se serait cru au royaume des prétas (esprits faméliques).

Le palais-forteresse de mon enfance, le dzong d'où mon père gouvernait la région, avait subi à peu près le même sort. Les Chinois s'étaient obstinés contre ses murs, faisant même démanteler l'ancienne forteresse bâtie au sommet de la colline.

Ma sœur, Mingyour, qui nous accompagnait, me montra les débris de l'école créée par mon père, et où j'étais né. Mingyour, je ne la reverrai plus dans cette vie. Elle est décédée à soixante-neuf ans en 1995.

Lors de ce voyage, j'eus la chance de voir quelques membres de ma famille. Aujourd'hui encore, ils vivent dans le dénuement, comme la majorité des Tibétains. Ils sont incultes. Je n'ai plus aucune nouvelle d'eux. Ainsi vont les familles tibétaines, disloquées.

Le temps du retour approchait, un retour annoncé. A Bamtcheu, à Dagpo Datsang, à Nanding, et sur la route de Lhassa, nos compatriotes se pressaient, parfois en foule, pour nous saluer. Bouleversé, je donnai encore des enseignements, des bénédictions, des conseils, et je prononçai de petits discours d'encouragement et d'amitié.

A Lhassa, j'entamai une tournée d'adieu et, à la demande d'un lama, je donnai durant huit jours un dernier enseignement à une cinquantaine de moines et de laïcs. La veille du départ, un grand nombre de personnes me rendirent visite. Puis le 27 septembre, avec les amis qui nous escortaient à l'aéroport, nous échangeâmes les khataks d'adieu.

Dans l'avion d'Air-France qui nous ramenait de Pékin à New Delhi, je lus dans le journal que de nouvelles émeutes venaient d'éclater à Lhassa.

CHAPITRE XVI

Faire revivre le bouddhisme en Indonésie

L'Institut Maitreya, en Hollande. Dynamique Sino-indonésienne. Je débarque à Bali. Un Chinois de l'ancien temps au service de son prochain. Strict régime végétarien. Marcher sur des braises. Faux meubles Louis XIII et porcelaines germaniques. A Boroboudour, prodigieux stoupa au cœur de la jungle. Reliques d'Atisha. Le testament du vieux Chinois. Le tibia de Marpa le traducteur. Les fondements de la culture tibétaine.

En novembre 1983, j'avais été invité à enseigner en Hollande par l'Institut Maitreya, une invitation qui allait déboucher sur de nouveaux développements de mon activité. J'avais exposé un « entraînement de l'esprit » transmis par Kusali, un grand maître indien du Xe siècle. Et les Hollandais me demandèrent de revenir.

Je me déplaçais de plus en plus souvent en Europe de l'Ouest et dans différentes villes françaises, toujours à l'invitation d'instituts bouddhistes ou d'universités. Ici, j'enseignais le calme mental, là, « l'esprit et ses fonctions » ou encore « la notion de karma », la réincarnation, « les quatre nobles vérités »... Et je participais à la première « réunion des maîtres guélougpas d'Europe » organisée par Guéshé Rabten. Lors de la quinzième réunion – elle se tint en octobre 1997 à Milan –, je fus porté à la vice-présidence, malgré mes réticences.

A l'institut Maitreya, je m'étais lié avec des Indonésiens d'origine chinoise et nous avions longuement évoqué les splendeurs de Boroboudour, le chef-d'œuvre bouddhique édifié vers 800 au sommet d'une colline, que je rêvais de voir depuis longtemps.

Lan Tjoa, une Sino-Indonésienne, particulièrement dynamique et courageuse, ayant appris par mes proches que mon prédécesseur était connu comme l'émanation de Serlingpa, souverain d'une île indonésienne au Xe siècle, figure majeure du bouddhisme et maître du grand Atisha, me dit sa conviction, en février 1989, que je devais me rendre en Indonésie pour y faire revivre le bouddhisme. Lan Tjoa s'était sentie attirée surtout par le bouddhisme après avoir suivi, durant plusieurs années, la voie d'un maître chinois, Laotse, devenu son père adoptif. Une voie où se mêlaient le confucianisme, le taoïsme et le bouddhisme.

Lan Tjoa écrivit à Laotse pour lui faire part de son projet et reçut une réponse positive. « Oui, il faut absolument que ce lama vienne enseigner ici. Ce sera très bénéfique pour notre pays. » L'année précédente, il avait refusé un guéshé que lui avait présenté aussi sa fille adoptive : « Ce guéshé est certes très compétent, mais il ne sera pas utile à l'Indonésie », s'était-il contenté d'expliquer. Je débarquai donc à Bali en août 89, en compagnie de Rosemary Patton, mon interprète, et de Guéshélags. Nous y passâmes quelques jours et eûmes l'occasion d'aller visiter à Singharaja, au nord de Bali, le temple de Bante Giri, un des maîtres bouddhistes les plus importants en Indonésie.

Faire revivre le bouddhisme en Indonésie

C'était un jour de pleine lune, ce qui s'avérait de bon augure, et maître Bante Giri dit en s'adressant à moi, si j'en crois celui qui traduisit ses paroles tant bien que mal : « Vous êtes le père du bouddhisme en Indonésie. Vous devez vous occuper de vos enfants désunis. » Et il ajouta à l'intention de Lan Tjoa : « Vous devez inviter Rimpotché chaque année dans notre pays. » Depuis, nous sommes retournés deux fois chez lui, et j'y ai donné des enseignements.

Le disciple principal de Laotse était venu nous rejoindre à Bali pour nous accompagner, en avion, à Surabaya, dans l'île de Java où l'on fêtait, ce 16 août la fête nationale dans un grand déploiement de drapeaux et de bannières, puis en voiture, à Lawang, but de notre voyage.

Laotse nous accueillit, avec la courtoisie et la distinction d'un Chinois de l'ancien temps, dans un grand temple où il résidait, au cœur d'une région montagneuse. C'était un vieux monsieur qui avait consacré sa vie à sa voie spirituelle et au service de son prochain. Sa sérénité, son timbre de voix, sa gestuelle me rappelaient mon maître Kyabdjé Trijang Dordjétchang. Hélas ! il ne s'exprimait qu'en chinois et en indonésien.

Dans sa jeunesse, il avait pratiqué le tao et subi toutes les épreuves de cette dure formation, comme la marche sur des braises. Venu, ensuite, au bouddhisme, il manifestait une immense foi envers Amitabha (un bouddha de longévité) vénéré en Extrême-Orient. Avec ses disciples, il pratiquait scrupuleusement les tantras de l'action – on prête une attention soutenue à tous les comportements physiques de la vie quotidienne : ménage, ablutions, façon de se nourrir, de s'habiller, de marcher, etc. Les femmes indisposées ne pénétraient pas dans le grand temple. Tous observaient un strict et très élaboré régime végétarien, bannissant même l'ail ou l'oignon ou d'autres légumes à l'odeur puissante, considérés comme nourriture impure. Par exemple, le petit déjeuner, un véritable repas, comprenait du riz et des légumes sautés avec du soja. Un petit déjeuner qui chargeait nos estomacs habitués aux coutumes alimentaires occidentales.

Laotse vivait avec ses disciples dans ce grand temple, construit au bord d'une route nationale bruyante, et où se succédaient sur une même longueur une enfilade de salles assez sombres, à la chinoise. Elles abritaient de nombreuses statues de déités relevant aussi bien du bouddhisme, du taoïsme que du confucianisme. Au fond de la salle la plus sombre se dressaient des statues de guerriers hans, révérés comme des déités par les Chinois. Puis venaient les pièces d'habitation réservées au maître et à son entourage, des salles claires, dallées de marbre, meublées en Louis XIII et décorées de porcelaines germaniques. L'ensemble donnait, pour le bonheur des yeux, sur un jardin, les rizières et la montagne.

Le 20 août, j'exposai le plus clairement possible le lam-rim devant les fidèles du temple, six cents personnes environ, en majorité des gens simples. Leur principale pratique religieuse consiste à faire des offrandes aux bouddhas et déités, à exercer la générosité et à réciter des mantras. Ils demandent souvent aux maîtres de l'aide et des conseils pour résoudre leurs problèmes familiaux, professionnels, matériels.

Tout se déroula dans une joyeuse atmosphère de fête qui me rappelait bien des journées semblables au Tibet, lorsque les enseignements ne s'adressaient pas seulement à des intellectuels. Comme le font partout

Faire revivre le bouddhisme en Indonésie

les lamas, j'écoutais les confidences des uns et des autres, et j'essayais de comprendre les difficultés et les conflits qui les tourmentaient et de les aider à les surmonter. C'est du reste ce que je tente de faire aussi, à longueur de journées, en France et dans les différentes communautés d'Asie et d'Europe où je suis invité. Laotse suivit mon exposé dans une pièce attenante et se déclara enchanté : « Nous avons besoin, commenta-t-il sobrement, de ce genre d'enseignement. »

Trois jours plus tard, après avoir fait un peu de tourisme sur un site volcanique, visité plusieurs temples chinois et montré à quelques laïcs comment on réalise l'offrande du mandala (de l'univers), nous partîmes en pèlerinage à Boroboudour, gigantesque et prodigieux stoupa bâti au cœur de la jungle de Java et entouré de montagnes. Un pèlerinage qui nous permit de faire une rencontre étonnante, le dixième jour du mois lunaire.

Tout près de Boroboudour, à Mendut, vivaient cinq religieux dans un petit temple fondé par un moine sino-indonésien du nom de Sri Pannyavaro. Homme de grande qualité et d'une foi immense, il se rattachait au hinayana (petit véhicule) tout en se disant attiré par le mahayana (grand véhicule) auquel adhèrent les Tibétains. En apprenant que j'étais justement un lama tibétain et – mes compagnons le lui confièrent – l'incarnation de Serlingpa, il se passionna, nous posa cent questions et nous pria de revenir déjeuner le lendemain.

« J'ai quelque chose à vous montrer », annonça-t-il dès que nous frappâmes à sa porte, exacts au rendez-vous. Et il exhiba quelques minuscules grains, ou plutôt une poussière de grains minuscules. C'étaient des reliques du maître indien Atisha lui-même.

Le lama venu du Tibet

Comment se trouvaient-elles en sa possession ? C'est toute une histoire. Les cendres d'Atisha, décédé au Tibet en 1054, l'un des sept fondateurs du bouddhisme, avaient été conservées en partie dans un stoupa que les Chinois détruisirent pendant la révolution culturelle. Ils avaient pris soin de récupérer les précieuses cendres et de les déposer dans un musée de Pékin. Lors d'une exposition organisée dans la capitale chinoise, le chef d'une délégation de moines bengalis – Atisha était originaire du Bengale – eut l'occasion de s'entretenir avec Chou En-laï, alors Premier ministre à l'apogée de son pouvoir, et de l'adjurer de veiller à la préservation des reliques d'Atisha. Or, Chou En-laï, contrairement à Mao, n'était pas un partisan de la destruction totale du bouddhisme au Tibet. Et il le prouva en faisant remettre au moine bengali, ravi, une partie des reliques que ce dernier, à son tour, partagea avec Sri Pannyavaro lors d'un congrès tenu ultérieurement, au Bengale, où ils se rencontrèrent.

Alors, après avoir narré par le menu les surprenantes aventures des reliques, Pannyavaro me fit cadeau, à mon profond étonnement, et pour mon plus grand bonheur, d'une fraction de celles-ci. Jamais je n'aurais pu imaginer trouver des reliques d'Atisha en Indonésie. En échange, je lui offris un exemplaire, en tibétain, de « la Lumière de la voie », le lam-rim composé par Atisha. C'était pour le présage. Pannyavaro, en effet, ne connaissait pas notre langue. Et, toujours pour le présage, sitôt de retour à l'hôtel, je donnai à mes compagnons la transmission de « la Lumière de la voie ».

Ce voyage en Indonésie fut suivi de beaucoup d'autres. Laotse, auquel je rendis visite l'année sui-

Faire revivre le bouddhisme en Indonésie

vante, à l'hôpital, avait chargé son fils spirituel, Willy Sim, de prendre la responsabilité du temple et de tout faire pour que je continue à venir y enseigner. C'était son testament. Grâce à Laotse, je me suis aussi lié avec de nombreuses familles et en particulier avec le docteur Rachmann, un autre Sino-Indonésien qui, depuis, m'invite à exposer le bouddhisme à des Chinois dans l'île de Sulawesi.

En 1989, à l'issue de notre premier séjour dans leur pays, Willy et le docteur Rachmann nous accompagnèrent en Inde, via Singapour où j'enseignai durant quelques jours. Les participants au deuxième pèlerinage organisé par l'Institut Guépèle nous attendaient à Dehli, d'où nous gagnâmes Dharamsala.

J'avais hâte de relater les péripéties de ce voyage à Sa Sainteté et surtout de lui offrir les reliques d'Atisha. Mais il refusa mon présent : « Gardez ces reliques ; j'en possède personnellement un grand nombre, m'assura-t-il. En Inde, elles ne manquent pas. » Puis Sa Sainteté, nous enseigna « les Trois Principes du chemin » – le dégoût vis-à-vis des bonheurs du cycle des existences, l'esprit d'éveil et la compréhension de la vacuité –, un texte composé par Djé Tsongkhapa. Et il nous donna l'initiation d'Avalokiteshvara à mille bras[1], et nous fit cadeau, pour l'Institut, d'une lampe à beurre, en argent, d'environ 40 cm de haut. Auparavant, nous avions célébré une cérémonie de longévité à l'intention de Sa Sainteté en la priant de nous accorder sa protection tout au long de nos vies.

J'ai déjà évoqué la visite que les pèlerins rendirent au monastère de Drépoung reconstitué et où mon maître mongol avait une intense activité d'enseigne-

---

1. Voir page 73.

ment et d'organisation. Celui-ci, à ma requête, avait prévu de nous enseigner durant ce séjour « la Guirlande des joyaux des bodhisattvas » – des conseils spirituels – d'Atisha. J'y vis aussitôt une coïncidence extraordinaire puisque j'arrivais précisément avec les reliques d'Atisha devant lesquelles les pèlerins et les moines de Drépoung Gomang et de Drépoung Loséling défilèrent et se recueillirent.

A la fin des enseignements, j'offris à mon maître mongol une partie des reliques, mais il les transmit sans tarder au collège de Gomang. Et en échange, le collège me donna un fragment de tibia de Marpa le traducteur[1] dont l'avait gratifié mon maître Kyabdjé Trijang Dordjétchang.

J'eus la joie, au cours de ce voyage en Inde, de rencontrer les deux jeunes lamas reconnus comme réincarnations des deux tuteurs : Tchoktul Trijang Rimpotché, né en 1982, et Tchoktul Ling Rimpotché, né en 1985. Comment ne pas mentionner, enfin, une réflexion qui me toucha beaucoup à propos de ce pèlerinage qui regroupait des non-bouddhistes, et bien sûr des bouddhistes, adeptes des guélougpas et d'autres écoles tibétaines. Cette réflexion émanait de l'un des pèlerins, non guélougpa, qui découvrait pour la première fois un monastère de cette obédience. Il avait vu comment les moines y vivaient, comment ils y étudiaient, comment ils pratiquaient et il se déclara émerveillé : « C'est vraiment, nous dit-il, dans un tel endroit que se maintiennent les fondements de la culture tibétaine. Je n'avais rien vu de semblable ailleurs. »

---

1. Marpa, grand maître et célèbre traducteur du XIe siècle, est lui-même l'émanation de Serlingpa. C'est la lignée de l'auteur (voir portrait page 229).

CHAPITRE XVII

Comme l'aveugle accroché à la queue d'un buffle

La congrégation Gandén Ling obtient la reconnaissance du gouvernement. L'Institut Guépèle. Veneux-les-Sablons. Une pratique fondée sur le lam-rim. Atisha, le maître le plus éminent. Le véhicule adamantin. Le soutra de la sagesse. Histoire rapportée par le Bouddha. J'ai pris mon courage à deux mains. « La lumière de la voie ».

En France, plus que dans d'autres pays d'Europe, de nombreux centres bouddhistes ont vu le jour. Quatre d'entre eux, avant 1994, avaient obtenu la reconnaissance du gouvernement français en tant que congrégations, quatre centres rattachés à l'école kagyupa. Il nous sembla alors opportun d'obtenir aussi la reconnaissance d'un centre guélougpa afin d'assurer la pérennité de notre enseignement et d'ouvrir la voie à d'autres congrégations.

Les circonstances s'y prêtaient. Les demandes d'enseignement, surtout depuis que j'avais pris une retraite anticipée à soixante ans, en 1993, arrivaient à un rythme de plus en plus soutenu. En 1991 à Bordeaux, en 1993 en Hollande et en Indonésie – la Malaisie suivra en 1995 – des centres bouddhistes avaient été créés dont on me demanda d'assumer la direction spirituelle[1]. Quand je consulte mes agendas, je constate que les voyages et les déplacements deviennent incessants et qu'en France, les conférences-débats, les groupes d'étude, un forum, les week-ends et les séances d'enseignement se succèdent à une cadence accélérée.

Le 30 juillet, je déposai donc notre dossier au ministère de l'Intérieur. Nous avions baptisé la congrégation : Ganden Ling, terre de plénitude. Elle fut reconnue le 30 juin 1995 par décret ministériel, paru au journal officiel[2] et, en parallèle, nous lançâmes une nouvelle association cultuelle – les possibilités ne sont pas les mêmes –, l'Institut Guépèle (développement des vertus), avec lequel la congrégation devait travailler en collaboration étroite, sur les conseils du ministère.

Le 18 octobre 1992, Guéshélags et moi avions quitté la maison de L'Haÿ-les-Roses, devenue trop étroite pour servir de siège et de cadre à nos activités, et emménagé à Veneux-les-Sablons, près de Fontainebleau, dans une propriété que nous cherchions depuis longtemps, et que l'Institut put acheter grâce, notamment,

---

1. A Bordeaux et en Hollande, il s'agit des fondations Kadam Chöling; en Indonésie du centre Suvarnadvipa; en Malaisie du centre Kadam Tashi Chöling.

2. Le nom complet de la congrégation est Ganden Shédroup Nampar Guièlwe Ling, abrégé en Ganden Ling. Traduction littérale : terre de plénitude où resplendissent l'étude et la pratique spirituelle. Elle se substitua à l'Institut Guépèle Tchantchoup Ling, fondé par l'auteur en 1978 (voir chapitre XIV) et qui renaîtra en 1995, devenant une association cultuelle sous le nom de Guépèle. La congrégation Ganden Ling, l'Institut Guépèle et Entraide franco-tibétaine : chemin de la Passerelle – 77250 – Veneux-les-Sablons. Tél : 01.64.31.14.82.

Comme l'aveugle accroché...

à un appel de fonds. Et à la fin de 1994, l'Institut Guépèle acquit une seconde propriété, à Veneux-les-Sablons, toute proche de la première, pour y organiser des retraites à l'intention de ses membres. L'année précédente, une première retraite portant sur Avalokiteshvara (bouddha de la compassion), avait réuni une vingtaine de participants dirigés avec bonté et fermeté par Guéshé Ngawang Khenrab, venu tout exprès de Digne.

Comment fonctionnons-nous ? Ou plutôt quelle est la source de notre enseignement ? A l'institut comme à la congrégation, la pratique – l'étude, la réflexion, la méditation – est fondée sur le lam-rim. Nous suivons en fait les conseils donnés autrefois par Pabongkha Dordjétchang, conseils selon lesquels la référence au lam-rim présente plusieurs avantages. Le lam-rim permet d'acquérir la connaissance intellectuelle du bouddhisme et d'accéder aux réalisations spirituelles. A défaut, il permet au moins d'obtenir une compréhension littérale du bouddhisme. L'intérêt en est grand, car celui qui connaît correctement la lettre, même sans en avoir saisi toutes les implications, est à même de diffuser l'enseignement du Bouddha.

Comme le disait le deuxième panchén-lama[1] (1663-1737) à la fin de « la Voie rapide », un lam-rim de sa composition : « J'ai peu de mérites et je n'ai guère réuni d'accumulations (de mérites et de sagesse). Je n'ai donc pas beaucoup de capacités, mais si des disciples parviennent à obtenir les réalisations des tantras les plus élevés (la quintessence : l'état de bouddha), ce

---

1. Comme les dalaï-lamas, les panchén-lamas sont des tulkous de haut rang. Tout au long de l'histoire, les dalaï-lamas et les panchén-lamas ont entretenu des relations réciproques ou mutuelles de maître à disciple.

sera grâce à ce lam-rim qui leur a permis d'acquérir l'essentiel : de bonnes bases. »

Dans la première moitié de ce siècle, Pabongkha Dordjétchang abondait dans le même sens : « D'aucuns se glorifient d'avoir " vu " leur déité tutélaire ou accompli telle ou telle retraite, mais il est bien préférable de connaître le lam-rim dans son ensemble. »

Pour sa part, Djé Tsongkhapa (1357-1419), dans une lettre adressée à son maître Lama Rédawa, louait Atisha en ces termes éloquents : « Indéniablement, le bouddhisme est désormais répandu dans tout le Tibet, sous ses différentes formes, soutra, tantra, philosophie. Et tous ces enseignements procèdent des bouddhas et des bodhisattvas, mais pour les bouddhistes comme pour les non-bouddhistes, le maître le plus éminent est Atisha. Celui-ci a lui-même réalisé les trois instructions, quintessence du tripitaka [1] et a montré à autrui comment obtenir ces mêmes réalisations. Or Atisha, le maître qui eut tant de maîtres érudits, a composé " la Lumière de la voie ", la première exposition écrite du lam-rim, où il explique parfaitement la voie des tantras. C'est une merveille. C'est ce que j'utilise pour guider mes propres élèves. " La Lumière de la voie " comporte toutes les instructions, immédiatement applicables. Si l'un sait l'exposer et un autre l'écouter, les paroles du Bouddha deviennent lumineuses et sont révélées. Aussi, quand j'enseigne, je n'utilise pas toutes sortes de textes, mais le lam-rim. »

Par ailleurs, le lam-rim est constitué de l'essence même de ce qu'expose directement et indirectement le

---

[1]. Tripitaka : rappelons qu'il s'agit des trois corbeilles regroupant les enseignements du Bouddha par thèmes : discipline morale, discours, métaphysique.

Comme l'aveugle accroché...

soutra de la sagesse. Pour ces différentes raisons, notre institut est fondé sur le lam-rim, mais pour que celui-ci soit compréhensible, encore faut-il en fournir les clés.

Je songe souvent aux paroles du premier panchén-lama, Losang Tcheugyi Gyeltsen (1570-1662) : « Honte à celui qui donne des enseignements alors qu'il ne pratique jamais lui-même. » Mais je me réconforte avec cette histoire contée par le Bouddha et rapportée dans le vinaya, son traité des règles monastiques : « Autrefois, à Sravasti, un homme qui avait tué sa mère s'enfuit dans une contrée éloignée où il fonda un monastère, enseigna et développa le dharma avec tant d'ardeur que plusieurs de ses disciples devinrent arhats (êtres libérés du cycle des existences). »

De nombreux soutras relatent des histoires de ce genre où les auteurs d'actes gravissimes accomplissent ensuite une œuvre bénéfique. Nagarjouna le souligne dans l'un de ses traités. Et le premier panchén-lama le confirme : « Les soutras, dit-il, affirment que le seul fait de transmettre un enseignement du Bouddha à autrui est bénéfique. »

Voilà pourquoi, prenant mon courage à deux mains, j'ai donné des enseignements. J'ai la chance, au cours de cette vie, d'avoir le support d'un corps humain. J'ai pu rencontrer des maîtres excellents, sans parler de l'enseignement de Djé Tsongkhapa qui conjugue les soutras et les tantras, et d'autres sciences. Mais je n'ai guère de mérite, peu d'intelligence et peu d'énergie, et sans parler de l'obtention, encore lointaine, de réalisations, je ne maîtrise pas un seul sujet à fond. L'éminent maître Gounthang Rimpotché (XVIIIe siècle), disciple du deuxième Jam-yang Chépa, disait que « si les tulkous se manifestent en ce monde pour exposer l'enseignement du Bouddha, ils doivent laisser une trace derrière eux, afin que l'on se souvienne soit de leurs enseignements, soit de leurs réalisations spirituelles ».

Eh bien, je ne m'illustre ni sur un plan, ni sur l'autre... Dans cette vie, je me livre sans doute à de multiples activités, mais je n'ai rien accompli sans l'aide de mes amis, de mes collaborateurs. Je n'ai rien réalisé seul. Je puis tout de même faire valoir une qualité, une seule : j'ai quarante et un maîtres et, quoi que j'aie pu faire de bien ou de mal, mes maîtres m'ont toujours accordé leur protection et leur attention.

Je ne sais combien de temps il me reste à vivre, mais je souhaite consacrer ce temps à l'enseignement de la voie du lam-rim, qui allie soutras et tantras, telle que me l'exposèrent mes bienveillants maîtres. Je suis un peu comme l'aveugle qui s'accroche à la queue d'un buffle.

Portrait

UN LAMA DE HAUT LIGNAGE

Dagpo Rimpotché n'aime pas parler de lui. S'il a pourtant accepté de raconter sa stupéfiante aventure spirituelle – celle d'un lama tibétain réincarné – c'est parce que, depuis longtemps, il songeait à publier un livre, dans sa langue natale, à l'intention des jeunes Tibétains, auxquels il voulait faire découvrir, à travers sa propre expérience, ce qu'était le bouddhisme au Tibet avant l'invasion chinoise.

Alarmé à l'idée de voir disparaître la culture et la tradition millénaires, fondées sur le bouddhisme, qui ont pétri le Tibet, il espérait par son témoignage sauver au moins quelques pans de cette civilisation. Aussi n'a-t-il pas hésité, lorsque lui est parvenue la proposition de donner ce témoignage à un public français. Il y a vu aussitôt l'occasion de faire revivre un peu le Tibet d'antan, et de décrire à des Occidentaux souvent intrigués, voire fascinés par le bouddhisme, les coutumes et la religion ancestrales de son pays que les autorités successives de Pékin s'acharnent depuis 1950 à asphyxier sous le fallacieux prétexte de lui apporter les bienfaits du modernisme, en réalité pour s'emparer de ses richesses naturelles, pour y exporter un trop-plein d'hommes et avant tout pour assurer son emprise sur un territoire convoité depuis des lustres.

Mais la discrétion de Dagpo Rimpotché est légendaire. Certes il consent ici, à raconter son enfance dans une famille de grands seigneurs, et les circonstances de la reconnaissance officielle, par le treizième dalaï-lama, de son état de tulkou, attestant qu'il est la réincarnation de l'un des plus grands lamas de l'époque contemporaine. Certes, il fait revivre la surprenante existence au quotidien dans les différents monastères qui l'ont éduqué de six à vingt-six ans. Certes, il décrit sa fuite éperdue en Inde à travers les montagnes de l'Himalaya pour échapper au carcan chinois qui l'aurait paralysé et donc empêché de « pouvoir tirer parti de cette vie humaine ». Certes, il relate sa rencontre avec des tibétologues français qui le conduira à la Sorbonne et aux Langues O, puis son retour au Tibet en 1987 et enfin les enseignements qu'il donne, surtout en France, mais aussi en Europe de l'Ouest et en Asie. Cependant, il observe une réserve quasi entière sur sa haute lignée.

Dagpo Rimpotché s'est refusé, sauf en quelques mots, à l'évoquer. Par contre, il nous a suggéré de consulter, à son propos, son vieil ami Thoupten Phuntshog – ils ne se sont pas quittés depuis cinquante et un ans – et deux de ses principales collaboratrices, Marie-Stella Boussemart et Rosemary Patton. Toutes deux furent ses élèves aux Langues O dans les années 70 et 80 et traduisent ses enseignements toujours donnés, oralement, en tibétain.

Pourquoi tant de réserve ? Tout simplement par pudeur, par modestie. La lignée de son grand-oncle, Dagpo Lama Rimpotché (donc la sienne), est en effet

Un lama de haut lignage

si haute qu'il trouve sans doute indécent de l'évoquer lui-même, sinon en plaisantant et par allusion furtive. Une lignée qui remonte, selon les différentes biographies de ses prédécesseurs à la nuit des temps, ce qui n'a rien d'extraordinaire pour les bouddhistes. Ces derniers professent qu'il n'y a ni commencement ni fin – mais la fin de la souffrance – ni un premier être – les êtres ont toujours existé – ni fin d'un être, sauf de sa forme humaine.

La biographie de ce prédécesseur direct, celui dont il est la présente incarnation – ce dont il se défend aussi, il ne s'en juge pas digne – rapporte que cette lignée, dont il manque beaucoup de maillons, débute avec un bodhisattva, un être qui a déjà acquis l'esprit d'éveil, c'est-à-dire aspire à l'éveil d'un bouddha. Un bodhisattva bien antérieur au Bouddha historique Shakyamouni (556 av. J.C. – 476) et dont la notoriété vient de son profond désespoir et des larmes incessantes qu'il versait devant son incapacité à trouver un maître susceptible de lui faire comprendre la vacuité, la clé de l'éveil d'un bouddha.

On raconte qu'après avoir eu la vision directe de Manjoushri, bouddha de la sagesse, il sut enfin où trouver ce maître. C'était en Inde. Il s'y rendit et obtint la compréhension directe de la vacuité et l'état d'arya bodhisattva. Il s'agit d'un altruiste complet, d'un être qui n'est plus soumis à la naissance et à la mort par détermination des karmas, d'un être qui peut lui-même diriger ses futures naissances et ses futures morts selon les besoins des êtres. Un arya bodhisattva est au-delà des contraintes de la matière, tout au moins a-t-il la possibilité de jouer avec celles-ci, s'il leur est toujours soumis. Il peut également se montrer sous plusieurs formes simultanément. Il peut produire autant d'émanations qu'il le souhaite et le juge utile pour le bien des êtres, d'autant plus qu'il est proche de l'état de bouddha. Bref, quand il réapparaît des centaines d'années plus tard, au Xe siècle, on peut supposer qu'il est devenu bouddha, même s'il prend alors un aspect humain.

Réincarnation, émanation... En tibétain, il n'existe pas de termes différents. Certains estiment qu'émanation convient mieux s'il s'agit d'un bouddha capable de se présenter sous autant d'aspects qu'il le juge nécessaire, alors que réincarnation implique une perspective charnelle, l'idée d'un continuum mental prenant place dans un nouveau corps. Reste que la notion de réincarnation est primordiale. Hors d'elle, le bouddhisme est incompréhensible puisque, selon ses canons, la vie se transforme mais ne s'interrompt jamais. Voilà le concept de base : un être ordinaire cherche par ses pratiques à obtenir au fil de ses renaissances successives un niveau spirituel de plus en plus haut et à atteindre le point le plus élevé, l'état de bouddha, en sachant que tout être vivant recèle le potentiel d'un bouddha.

Mais venons-en au premier maillon historique de la lignée produite par le bodhisattva, à Serlingpa. C'est un prince, souverain d'une région de l'île de Sumatra, un homme politique, fortuné, entouré de serviteurs. Il est avant tout moine et connu, dans le monde bouddhique du Xe siècle, comme le dépositaire de toutes les lignées de transmission de l'enseignement de l'esprit d'éveil, autrement dit des méthodes pour devenir bouddha. Il s'agit donc d'un très grand maître, un maître si renommé qu'Atisha, lui-même un prince du Bengale, né en 962, un érudit doublé d'un yogi (mystique), un moine, un pratiquant tantriste qui eut

Un lama de haut lignage

plus de cent maîtres, entendit parler de Serlingpa, entreprit un long voyage pour le rencontrer et resta auprès de lui durant... douze années, le temps de recevoir ses enseignements. Atisha se dirigera plus tard vers le Tibet où il assurera à partir de 1042 la seconde diffusion du bouddhisme et composera le premier ouvrage exposant le lam-rim, la voie progressive vers l'éveil.

Second maillon historique : Marpa le traducteur – presque un enchaînement direct avec Serlingpa – vit le jour en 1012 au Tibet dans une famille d'agriculteurs aisés. Personnage haut en couleur, il eut neuf épouses et pléthore d'enfants. Il possédait des terres en abondance et... un caractère si emporté qu'il se querellait sans cesse avec ses voisins. Mais c'était un fin lettré et un maître spirituel insigne. Exaspéré par ses colères, son père le confia très jeune à un maître – Brokmi Lotsawa – auprès duquel il apprit le sanscrit. Puis dans l'impossibilité de verser à celui-ci les pièces d'or exigées en contrepartie, Marpa partit en Inde – à la source – à la recherche de maîtres moins exigeants et du plus haut niveau. Ce fut entre autres Naropa, un méditant. Tous lui transmirent par oral, selon la tradition, de nombreuses lignées d'enseignement qu'il ramena au Tibet et qu'il s'employa à transmettre à son tour à des disciples, tout en cultivant ses terres et soignant ses troupeaux. Comme Serlingpa le fit avec Atisha, Marpa, avant de mourir en 1097, enseigna tout ce qu'il savait à Milarépa (1040-1123), tout en lui faisant subir d'incroyables épreuves pour fortifier sa foi et lui faire purifier ses karmas négatifs. Ainsi, Milarépa dut-il construire, tout seul, plusieurs tours, car chaque fois qu'il en avait achevé une, Marpa lui faisait remarquer qu'elle ne correspondait pas à ses souhaits et qu'il fal-

Le lama venu du Tibet

lait recommencer. Il obéissait, en observant les nouvelles prescriptions de son maître, sans se décourager. Milarépa, qui se retira dans des grottes, vécut en anachorète dans la montagne, devint un mystique, démarra l'une des écoles kagyus, dite Dagpo kagyu, réalisa l'état de bouddha et eut de nombreux disciples attirés par son exemple, dont s'inspireront les fondateurs d'une autre école, celle des guélougpas. A l'instar de François d'Assise, il attirait et protégeait les animaux pourchassés par les chasseurs qui, émerveillés par tant de vertus, devenaient ses disciples, si l'on en croit les biographes de Marpa et de Milarépa.

Marpa est considéré comme l'un des plus importants maîtres tibétains et, son nom l'indique, un traducteur de haute volée. S'il a lui aussi transmis à ses disciples plusieurs lignées d'enseignement, il a en effet traduit en tibétain d'importants et nombreux textes sanscrits, commentant les soutras dits par le Bouddha. Marpa a joué un rôle de premier plan dans la formation de Milarepa. Il est la figure centrale pour les membres de l'école Dagpo kagyupa, mais il est vénéré aussi par l'ensemble des bouddhistes tibétains...

Troisième maillon historique : Longdeul Lama Rimpotché. Comme Dagpo Rimpotché, qui envisagea autrefois de lui consacrer un doctorat universitaire, il appartenait à l'école guélougpa. Né au XVIIIe siècle dans une famille pauvre, il connut les affres de la survie quotidienne et se battit contre l'adversité pour devenir religieux et trouver un maître. Avec succès. Ses études et sa pratique lui permirent à l'âge adulte de connaître la célébrité. Il a laissé de nombreux écrits dont une célèbre chronologie du bouddhisme, et des ouvrages historiques.

Un lama de haut lignage

Ses biographes racontent, parmi cent anecdotes, que Longdeul Lama Rimpotché sortait toujours un bâton, dissimulé sous son trône de maître, lorsque ses disciples venaient lui présenter leurs vœux à l'occasion du nouvel an et qu'il le brandissait en s'écriant : « Nouvel an ! Nouvel an ! qu'est-ce que cela signifie ? Réfléchissez un peu. Cela signifie simplement que nous avons tous un an de plus. Donc, vous feriez mieux de penser à la mort plutôt que de vous réjouir sottement. »

Quatrième maillon historique, toujours au XVIIIe siècle, voici Djampèl Lhun-droup, un moine du monastère philosophique de Dagpo Datsang, dont il devint abbé. Grâce à son remarquable niveau de concentration, il avait régulièrement la vision des trois bouddhas de la compassion, de la sagesse et de tous les pouvoirs. Signe particulier, il évoquait systématiquement son père, selon les biographes, lorsqu'il faisait une dédicace à l'issue d'une cérémonie et fondait alors non moins systématiquement en larmes, saisi de compassion à l'idée que son père, pêcheur impénitent et donc tueur de poissons, ne bénéficiait pas, pour cette raison, d'une bonne renaissance. Une scène qui déclenchait l'hilarité et les quolibets des jeunes moines turbulents et toujours à l'affût de distractions.

Cinquième maillon historique, et l'on en arrive au XIXe siècle : Kelsang Djampèl. C'est encore un abbé de Dagpo Datsang, connu pour avoir su redonner auparavant un élan au monastère de Bamtcheu (deux monastères, notons-le, du futur Dagpo Lama Rimpotché). Dépourvu de charisme, l'abbé Kelsang Djampèl souffrait de l'indocilité de la communauté. A tel point qu'il demanda à sa déité tutélaire de l'aider à réaliser son vœu le plus cher : en imposer aux moines lors de sa prochaine vie afin que tous, désormais, lui obéissent sans barguigner.

Quelque temps avant de mourir, il rencontra... son futur père, Tinlé Seupa, un pratiquant sincère qui consacrait beaucoup de temps à la méditation du lam-rim. Bien que ce fût leur première entrevue, rapporte le biographe, il se comporta avec lui comme avec une vieille connaissance. Il lui donna la graine d'une fleur et lui conseilla de construire une maison, d'aménager un jardin et d'y déposer la graine. Puis il confia à Tinlé Seupa qu'ils se reverraient bientôt et décéda peu après. Tinlé Seupa suivit ses instructions à la lettre et la maison devint la résidence principale... de son fils, Djampèl Lhun-droup, le sixième maillon historique, autrement dit le prédécesseur direct de Dagpo Rimpotché.

Djampèl Lhun-droup (1845-1919) fut à son tour la figure majeure de son époque et le dépositaire des lignées de lam-rim qui viennent, on s'en souvient, de... Serlingpa. Son père, Tinlé Seupa, descendait d'un ancien roi du Tibet. Bien que cultivateur, il avait tant pratiqué le lam-rim qu'il fut à même de donner de nombreux enseignements à son jeune fils, qui plus tard transcrivit par écrit ses conseils. Le jeune garçon montra de telles qualités intellectuelles que ses maîtres, d'abord à Bamtcheu puis à Dagpo Datsang, le « poussèrent » sans rencontrer de résistance. Pourtant, ses débuts à Dagpo Datsang furent difficiles : selon la règle, son professeur le mena chez l'abbé qui lui déclara : « Si vous êtes l'incarnation de Lama Djampèl, sachez que le professeur d'un lama doit être comme un démon. Il convient en effet d'éduquer un lama comme on pétrit la pâte », et l'abbé de mimer. Effrayé, le jeune moine n'avait pu retenir quelques larmes,

Un lama de haut lignage

mais en fait, il ne pensait qu'à progresser. Lorsqu'il avait droit à une journée de congé, avec deux compagnons, il se mettait en route, à la petite aube, vers un lointain ermitage où un maître leur enseignait le lam-rim, et s'en revenait à la nuit tombée. C'est la règle : elle oblige à dormir au monastère. Rien ne l'arrêtait, ni le manque de sommeil, ni la longue marche à pied, ni les rivières glacées qu'il fallait traverser à gué, avec souvent de l'eau jusqu'à la ceinture. A vingt-cinq ans, en 1869, il réussit brillamment son examen de docteur en philosophie bouddhique, puis reçut l'ordination majeure de bhikshou (moine). Il décida alors de consacrer trois années pleines à des pratiques de purification et d'accumulation de mérites dans une caverne proche du monastère Daglha Gampo, fondé par un disciple de Milarépa. Il se rendit ensuite auprès des plus grands maîtres pour approfondir ses connaissances et recevoir initiations et instructions.

Tant de ferveur et de modestie attira l'attention de l'abbé de Dagpo Datsang qui l'invita à y enseigner le lam-rim devant six cents moines et de nombreux laïcs. C'était la première fois, et il avait trente-cinq ans. Tous furent éblouis par la clarté et la profondeur de son enseignement.

Dès lors, sa réputation s'étendit à une partie du Tibet. Par deux fois – c'est exceptionnel – il fut nommé abbé du monastère de Dagpo Datsang où il imposa un strict respect de règles déjà fort rigoureuses. Du reste, dans chaque communauté où il fut invité pour enseigner, il n'eut de cesse de renforcer la discipline et le niveau des études, et d'inciter au végétarisme, par respect pour la vie. Les disciples affluèrent. Quatre d'entre eux reçurent la lourde charge d'abbé de Dagpo Datsang, d'autres enseignèrent dans les confins du Tibet.

Le lama venu du Tibet

Parmi ses disciples, on trouve aussi bien des laïcs très simples que des personnalités, par exemple, le Premier ministre et le frère aîné du treizième dalaï-lama, ou encore deux régents du Tibet nommés à ce poste après la mort du « treizième », dont Rating Rimpotché qui participa aux recherches pour trouver l'actuel quatorzième dalaï-lama, dans une famille de paysans.

Redoutable responsabilité : un disciple accorde une confiance absolue à son maître. Celui-ci, très proche de son disciple par l'esprit, reçoit ses confidences les plus intimes et le conseille sur tous les plans : religieux, mondain, politique, familial, professionnel, etc., sans jamais oublier l'essentiel, le faire progresser dans le domaine spirituel.

Le disciple principal, le disciple le plus fameux du prédécesseur de Dagpo Rimpotché est un certain Pabongkha Rimpotché, un jeune lama, qui reçut ses enseignements dans son ermitage durant des mois et devint – tout continue – une figure magistrale du bouddhisme, le dépositaire des lignées du lam-rim et le maître de la plupart des maîtres contemporains, en particulier les deux tuteurs de l'actuel quatorzième dalaï-lama, deux sommités qui instruiront... l'auteur de ce livre.

La boucle est... provisoirement bouclée. Du bodhisattva à Dagpo Rimpotché en passant par Serlingpa, Marpa, Longdeul Rimpotché, Djampèl Lhun-droup, Kelsang Djampèl, et encore Djampèl Lhun-droup, c'est le même mental, le continuum mental. Mais une si haute lignée pèse d'un poids si lourd sur ses épaules que Dagpo Rimpotché n'aime guère s'y référer. Certes, il est reconnu officiellement comme la réincarnation de Djampèl Lhun-droup, certes il a lu et il

Un lama de haut lignage

connaît l'histoire et les histoires de sa lignée, mais il n'en fait jamais état, sinon brièvement si on le pousse dans ses retranchements comme nous l'avons fait au cours de nos entretiens. Tout au plus y fait-il parfois allusion, selon ses traductrices, dans le fil de la conversation. Un jour, il dira en voyant une image de Marpa : « Il n'était pas comme cela », sans ajouter un seul mot. Et il a fait confectionner, au Népal, une représentation de Serlingpa en donnant des indications précises.

Est-il un bouddha[1] ? Il s'en défend avec vigueur. « Si je l'étais, je le saurais. Et pour le savoir, il faut avoir les qualités d'un bouddha. Ce n'est pas mon cas. » Mais dans son entourage proche, certains ne l'entendent pas de cette oreille et assurent qu'il l'est. Interrogé à ce sujet, Dagpo Rimpotché répond :

---

1. Un bouddha est un être pleinement réalisé, qui a donc développé toutes les qualités (amour, compassion, sagesse, etc.) au maximum et éliminé tous les défauts sans exception. Un bouddha est doué de clairvoyance. Il est omniscient. On dit que là où est présent l'esprit, est présent le corps subtil ou grossier d'un bouddha. L'esprit du bouddha connaît chaque phénomène. Un bouddha – homme ou femme – ne fait jamais état de son niveau – lui seul en est conscient. Il enseigne le dharma, s'il trouve des disciples disponibles, et d'autre part se consacre aux êtres. Ce peut être un maître, un grand médecin, un commerçant, une mère de famille, une prostituée, un bandit, etc., qui dans le milieu où il est réincarné, se préoccupe des problèmes de chacun, y compris dans les plus petits détails, problèmes qu'il aide à démêler, à résoudre. Pour Dagpo Rimpotché, « Jésus est un bouddha, en tout cas, un bodhisattva (un être qui a déjà acquis l'esprit d'éveil et qui aspire à l'éveil d'un bouddha). Il a tellement aidé les hommes qu'il n'est pas possible d'en douter. Un être ordinaire ne pourrait pas accomplir une telle œuvre. Ses enseignements donnent la joie et la paix. Jésus a apaisé à ce jour les souffrances de millions d'hommes et de femmes et leur a permis de trouver le bonheur et l'équilibre ».

« C'est leur affaire, mais ils ne savent pas ce qu'est un bouddha. » Nous n'en apprendrons pas plus. Seul, affirme-t-il, le futur l'intéresse. Le futur ? Il répond : enseignement du lam-rim, pratique spirituelle, altruisme.

Comment se comporte-t-il dans la vie quotidienne ? Pour Thoupten Phuntshog – donc Guéshélags – celui qui a tout vécu avec lui depuis leur rencontre en 1945 à Dagpo Datsang et qui est en quelque sorte son intendant, mieux son frère, il ressemble beaucoup à son prédécesseur. Discret comme celui-ci, il a horreur de l'apparat et ne fait jamais étalage de ses capacités intellectuelles, de son état de lama. Thoupten Phunshog ajoute que Dagpo Rimpotché réussit tout ce qu'il entreprend, qu'il va toujours au bout de ses projets. Par exemple, il a poursuivi, seul, ses études en France, après l'invasion chinoise et l'exil en Inde, en faisant venir le canon entier des textes bouddhiques et les commentaires afférents, plus de trois cents volumes. « Je ne l'ai jamais vu se séparer de ses livres, conclut son vieil ami en riant. Il en oublie de dormir, et je dois souvent lui rappeler qu'il est temps d'éteindre la lumière. »

Rosemary Patton, l'une de ses interprètes – elle travaille à ses côtés depuis vingt ans, tout en suivant ses enseignements – fait état de son humilité : « Aux Langues O, il ne disait pas qu'il était lama et ne se livrait à aucun prosélytisme. Il se refusait à parler du bouddhisme. Les étudiants le connaissaient sous le nom de monsieur Jhampa – son nom personnel –, point final. Très vite, j'ai été frappée par son sens de l'humour, son calme, sa patience et sa disponibilité à l'égard de chacun, sa capacité à moduler son attitude selon le caractère et les possibilités des étudiants. Il s'intéresse, effectivement, aux gens. Dans les trains de banlieue, par exemple, il communique sans difficulté avec les passagers et noue des relations appelées parfois à se prolonger, des relations qu'il ne rompt jamais. Il est fidèle. Il vit pour aider les autres, sans faire de bruit, sans jouer les grands maîtres comme certains. Il est raffiné, économe, vêtu de tissus de bonne qualité qu'il use jusqu'au bout. Il n'attache pas d'importance à l'argent et redonne ce qu'il reçoit, en particulier aux monastères tibétains reconstitués en Inde. Comme la plupart des Tibétains, il est généreux et hospitalier. C'est aussi un manuel, doué de ses mains, comme beaucoup de lamas doués en tout. Il sait coudre et faire la cuisine. Quoi qu'il arrive, il se montre fin, retenu, mesuré, laconique. Il ne s'appesantit pas sur sa personne et ne laisse transparaître son émotion que lorsqu'il évoque ses maîtres, disparus. Travailler à ses côtés est un apprentissage sans fin. Bref, je considère que le peu de qualités humaines que je possède aujourd'hui, je les lui dois entièrement. »

Marie-Stella Boussemart enseigne le tibétain aux Langues O, après y avoir été l'élève de Dagpo Rimpotché, dont elle traduit les enseignements. « Tous les élèves admiraient monsieur Jhampa, témoigne-t-elle. Son charisme exerçait des ravages. Il avait quarante-deux ans, il était beau. Quand je lui ai parlé pour la première fois de ceux qui se convertissent, n'osant aborder le sujet plus ouvertement[1] – il m'a répondu, l'air grave : " Je ne connais rien de plus idiot que de se convertir à une autre religion. " Anec-

---

1. De famille catholique, Marie-Stella Boussemart est aujourd'hui nonne bouddhiste.

Le lama venu du Tibet

dote révélatrice, une jeune femme qu'il avait beaucoup écoutée, à son habitude, pour mieux la comprendre et l'aider, a finalement redécouvert son christianisme au fil de ses enseignements et décidé d'entrer en religion, chez les diaconesses de Reuilly. Celles-ci fort intriguées, prièrent ensuite Rimpotché (tout le monde l'appelle ainsi) de leur exposer les bases du bouddhisme et de dialoguer avec elles.

« Aux Langues O, il était très populaire. Les élèves, une trentaine, se pressaient à ses cours, quitte à délaisser les autres. Il ne parlait pas du Tibet, pas plus que du bouddhisme et lorsque nous insistions, il nous renvoyait à d'autres maîtres de ses amis. Lui-même n'y connaissait rien, disait-il. Puis, à notre indescriptible joie, il a fini par admettre sa qualité de lama, et il consentit, sur mon insistance, à devenir mon maître spirituel. Depuis je suis toujours aussi éblouie par ses immenses qualités de pédagogue. Un exemple ? Il m'a fait attendre vingt ans avant de m'autoriser à entrer dans les ordres, en 1997 !

« Quant à décrire ses qualités, ce serait une mission impossible... Je citerai, pêle-mêle, bonté, patience (illimitée, et il le faut !), douceur, humour, mais... aussi fermeté – pour ne pas dire inflexibilité. A mes yeux, il est Maitreya, lui qui symbolise l'amour et l'altruisme. »

Jean-Philippe Caudron.

Remerciements

Je voudrais remercier tous ceux qui ont rendu possible la rédaction de ce livre. Et d'abord Françoise Verny qui s'est intéressée d'emblée à son sujet et a permis d'en mener le projet à son terme.

Toute ma gratitude va à Dagpo Rimpotché qui s'est prêté au jeu des entretiens avec une inaltérable patience et une constante indulgence à l'égard du profane que je suis en matière de bouddhisme.

Elle va également à Thoupten Phuntshog – Guéshélags – qui en puisant dans son étonnante mémoire m'a aidé à enrichir le portrait de Dagpo Rimpotché et les chapitres consacrés à l'exil en Inde et – en collaboration avec Gilbert Buéso – à la vie monastique.

Elle va aussi à Marie-Stella Boussemart qui a répondu, non sans humour, aux innombrables questions que je n'ai cessé de lui poser, notamment au téléphone, pour éclairer ma lanterne. C'est elle qui a relu le manuscrit à plusieurs reprises.

Rosemary Patton a contribué à l'élaboration du portrait et du chapitre sur l'Indonésie. Elle ne m'a pas ménagé ses suggestions et conseils et a pris une part active à la relecture du manuscrit.

Claire Charpentier a révisé les passages concernant les réalisations de Entraide franco-tibétaine.

Le lama venu du Tibet

Enfin ma reconnaissance va à Marie-Christine Landreau qui, la première, a eu l'idée de ce livre et m'a apporté son précieux soutien et communiqué son enthousiasme au long de sa réalisation. Un soutien et un enthousiasme que Florence Barré ne m'a pas mesurés non plus.

Jean-Philippe Caudron

TABLE

I.	L'oracle gifle mon grand-père	9
II.	Je n'ai pas douze mois, je deviens tulkou	17
III.	Une enfance bouddhiste	23
IV.	Petit moine à six ans	39
V.	A sept ans, je prononce les 36 vœux de la première ordination	49
VI.	A treize ans, j'intègre le monastère philosophique du Dagpo	61
VII.	La règle monastique la plus sévère du Tibet	75
VIII.	Un seul objectif : pénétrer le sens de l'enseignement du Bouddha	91
IX.	Grands enseignements et prémices de la tyrannie	109
X.	Un dernier thé en terre tibétaine	125
XI.	Les contrées des faces rouges	141
XII.	Enseignant à la Sorbonne et aux Langues O	159
XIII.	Sa Sainteté m'incite à enseigner les paroles du Bouddha, un véritable trésor	175
XIV.	J'accomplis la volonté de mes maîtres	185
XV.	Retour au « royaume des esprits faméliques »	205
XVI.	Faire revivre le bouddhisme en Indonésie	215
XVII.	Comme l'aveugle accroché à la queue d'un buffle	223

Portrait, par Jean-Philippe Caudron 229

Remerciements 243

Cet ouvrage a été réalisé par la
SOCIÉTÉ NOUVELLE FIRMIN-DIDOT
Mesnil-sur-l'Estrée
pour le compte des Éditions Grasset
en février 1998

Imprimé en France
Dépôt légal : février 1998
N° d'édition : 10691 - N° d'impression : 41895
ISBN : 2-246-55131-5